U0949746

师生对：思想是美中之美

师生对丛书

左亚文 著
杨旭 绘图

武汉大学出版社
WUHAN UNIVERSITY PRESS

师生对丛书

总　序

有感于哲学知识化和简单化的倾向，这些年来，在哲学教学实践中，我一直在探索用研讨式的方法来启迪学生。我举办了“聊哲学”的沙龙，定期进行“句读经典”讲座，在“哲学漫步”中随时开展“师生对”。其中第三种方式进展得最为持久和有效。从2015年年初起，我与一群博士生、硕士生和本科生，每天晚上在环绕珞珈山的漫步中开展“师生对”，对一些人们关心的哲学问题进行反思和重释。其方式是每晚讲一至两个问题，学生手持录音笔现场录音，然后由学生进行整理，再交给我作修改和润色。当然，这种方式是灵活的。平时，上课后，学生如有疑难，则随时可以对话。还有一种情况，就是我在外面作报告，对于听众在对话环节所提问题，我也会以“师生对”形式作答。在这些听众中，有些是领导干部，也有一些是高校教师，有的甚至是知名教授。由于出版格式要求，这里一律以“学生”提问形式出现，请予理解。不过，这里的“学生”是一种泛指，有相当一部分问题则是我自问自答，因此，我也是其中提问的“学生”之一。

众所周知，由于哲学本身的独特品性，其最初就是以“对话”和“论辩”的形式出现的。当年，苏格拉底行走于雅典的大街小巷，与人谈论哲学，所采用的就是对话式的论辩方式。他先佯装无知，以请教的方式向别人提出一些哲学问题，然后通过揭露对方答案中的矛盾而找到解决问题的方法，这就是辩证法。后来，他的学生柏拉图师承其志，在雅典近郊创办了一所“阿加德米学院”（又称“柏拉图学院”），以探讨哲学和几何学闻名于世，其所研讨的方法也是辩证法。

在东方，几乎与古希腊同时，孔子、孟子、荀子、老子、庄子、韩非子等众多思想家，亦在运用这种对话和论辩的方式探讨问题和学术。儒家元典《论语》的语录体裁可以说就是其运用这种方法进行教学的生动写照。孟子的著述几乎都是论辩之作，其逻辑严谨，用词犀利，文风泼辣，至今读来仍扣人心弦，令人叹为观止。至于以惠施、公孙龙为代表的名家，更是发明了一套独特的辩论之法，即采用“反论”的方式提出哲学问题，并且“日以其知与之辩”，而“天下之辩者相与乐之”。据说，惠施与人辩论时，常“倚树而吟”“槁梧而瞑”，此庄子所说的“惠子之据梧也”。可见，当时论辩之风甚炽，以致辩士们常在大树下公开争论，直至疲惫不堪，只好倚树而息、据梧而瞑。在人类文化的轴心时代，东方这些学者的争鸣之风与古希腊哲人的辩证之法虽天各一方，然却有异曲同工之妙。

司马迁《史记·孔子世家》云：“《诗》有之‘高山仰止，景行行止。’虽不能至，然心向往之。”此亦我之追寻也。余出身贫贱，然自幼好学。小学五年级时，即与哲学接触，从此与之结缘。当时，“文革”期间，学校停课，但有一位教小学高年级语文的李系龄老师坚持给我们上课，带领我们学习“十六条”“老三篇”以及“两报一刊”（《人民日报》《解放军报》《红旗杂志》）文章，有时也给我们讲一些普及性的哲学知识。我对哲学尤感兴趣，觉得魅力无穷。当时，我父亲是大队党支部书记，家里常年订有“两报一刊”及《解放军文艺》，时常也会收到一些讲解哲学的通俗读物。我父亲读过几年私塾和两年小学，其当时的小学老师黎醒悟先生后来成为县中学语文老师，他多次到我家来，见我好学，就对我父亲说：“你儿子有天分，是个读书的种子。你要好好培养他。”然后，又对我说：“现在搞‘文革’，没有什么书可读了。但你不能放弃。你可以经常看‘两报一刊’的文章，也能得到提高。”这些话是他坐在我们家的一个过道里说的，至今记忆犹新。这对我鼓舞很大，也给我指明了一条自学之路。于是，我从小学五年级起，直至1973年底应征入伍为止，我就开始一篇不落地读“两报一刊”的文章及《解放军文艺》。读初中时，我有幸遇到了一位中国人民大学哲学系毕业的老师，他在上政治课时，较为系统地给我们讲解了一些基本的哲学原理，对我启发很大。高中时，我四处寻找可读之书，可惜农村偏僻，能借到的书十分有限。但我还是设法找到并反复阅读了范文澜的《中国通史》、杨国荣的《中国哲学史》、普列汉诺夫的《论个人在历史上的作用》以及较多的由上级发至大队的通俗哲学小册子。真正的转机是我到部队之后，我所服役的部队是陆军一军二师六团特务连，连队人才济济，其中有些是高干子弟，与之接触不仅开阔了我的眼界，而且可以借到很多好书。其中不乏哲学或与哲学有关的书籍，如梅林的《马克思传》、艾思奇主编的《辩证唯物主义和历史唯物主义》以及大量的马克思、恩格斯、列宁、斯大林的著作以及历史著作。在部队的几年，我利用一切业务时间学习，阅读了不少哲学、政治经济学和历史等方面的著作，理论水平有了较大提升。当 1977 年 2 月我复员回乡的时候，虽然成了地道的农民，但已经是一个具备一定理论基础并随时准备参加高考为之一搏的新式农民。终于，命运的转机来临。1977 年冬高考恢复。虽然我也参与了考试，且大家（包括考场老师）对我期望很高，但由于缺乏基本的复习资料，摸不清情况，结果失利。但我没有气馁，经过半年多有针对性的复习，在 1978 年的高考中，终于以全县总分第一名的成绩考入武汉大学哲学系，我报的第一志愿当然是哲学。

自入武汉大学后，在四年本科和三年研究生学习期间，我如同一棵“久旱逢甘雨”的禾苗，也好比一位长久在荒凉沙漠中艰难跋涉终于看到清泉的行者，拼命地吸吮着知识的乳汁。除了吃饭和睡觉，我几乎将所有的时间都用在学习上。我阅读了大量中国哲学、西方哲学、马克思主义哲学原著，这为我后来从事哲学教学和研究打下了坚实的基础。本科的第四年，我是以全年级总分第一的成绩被批准提前半年毕业的。

在大学期间，有人说我是“学习机器”，我知道这话具有半贬半褒的意思。其实，真正了解我的人都知道，我是一个骨子里面有“反叛”性格的人。即便在大学本科时，我就喜欢发问，是下课后围着老师提问最多的学生之一。1982—1985

年读研究生期间，我对传统教科书体系开始产生怀疑，并对当时学界所开展的哲学改革有了一些自己的看法。研究生毕业之后，我在湖北省委党校哲学教研部执教了 18 年之久，与学界有些脱节。1996 年重入武汉大学于陶德麟先生门下攻读哲学原理博士生，特别是 2002 年底调入母校之后，由于与学界的频繁互动，我的思想又发生了一个新的跃升。

这些年来，我所着重思考的是对哲学原理和马列哲学经典的反思和重释、对中华和合辩证思维的探析以及关于当代中国时代精神和时代逻辑的研究，并力图以和合思想为切入点，融会和贯通中国哲学、西方哲学、马克思主义哲学。在当今条件下，我深知自己学术水准之不足，但我所执着坚守的原则是文从己出、意从心生，不人云亦云，不跟风从众；我所终生追求的是以“非常规”的思维去审视一切，揭示“百姓日用而不知”的深层哲理，把捉时代精神，彰显时代逻辑，用思想去观照一个思想的世界。我不敢奢望“立言”于千古，但求无愧于我心。

令人遗憾的是，长期以来，我国哲学界的教学和研究一直处于简单灌输和诠释的状态，论辩变成了说教，探讨变成了考证，智慧变成了知识，学生们所面对的哲学智慧已经堕落为只需机械记忆和背诵的公式了。例如，所谓“世界是物质的，物质是运动的，运动是有规律的，规律是可以认识的”；所谓“生产力决定生产关系，生产关系反作用生产力，经济基础决定上层建筑，上层建筑反作用于经济基础”；所谓“存在决定意识，存在是第一性，思维是第二性的”；所谓“对立面的斗争是绝对的和无条件的，对立面的同一是相对的和有条件的”，等等。这些原理如果加以正确的阐释，本来是有其合理性的，但是，一旦将其当作无需论辩和不可置疑的绝对真理，它们就立刻转化到自身的对立面。

改革开放后，这种状况虽然有所改观，但传统的惯性却根深蒂固，特别是潜藏在人们头脑里的基本思维方式并未得到根本改变。这种现象在一般的“讲坛哲学”中，仍然普遍存在。

正是在这种教学模式的作用之下，即便是文科生乃至哲学专业的学生，其哲学思维十分不足，哲学智慧所要求的批判精神和论辩态度竟然处于缺如状态。照此下去，我们这个具有数千年文明历史且富于哲学思辨的民族将与真正智慧的大道渐行渐远。

正是有鉴于此，这么多年来，我一直在思考和探索如何回归到哲学智慧的本原上去，重新用一种对话和论辩的方式去从事哲学的学习和研究。这种想法首先在我主讲的课堂中得以进行实验，我积极利用“哲学沙龙”“经典句读”“师生对”等多种方式引导学生，打开思维，重启智慧之门。这种做法吸引了来自校内外的一批学生和青年教师，并且已经产生良好的效果。

“师生对丛书”就是这种新的对话和论辩式哲学研讨的一个成果。它以师生问答的形式出现，其内容涉及智慧的本质、思维方法、哲学理念、中国哲学、西方哲学、马克思主义哲学、人本哲学、时代精神、生活批判等诸多方面和广泛领域。这种对话对学生和老师都是一个重新学习和研讨的过程，而且这一过程自始至终是开放的、自由的、愉悦而又痛苦的，它所提供的不是标准答案，不是公式教条，而仅仅是一个论辩的场所，一个批判的舞台。它就好比一场盛宴，每个热爱智慧的人都可以参与，都能在这场延绵不散的盛宴中分享智慧的快乐，获取智慧的营养。

这里要特别隆重推出的是漫画家杨旭先生。他现为武汉大学遥感实验室负责人，业余从事漫画创作。他的作品在中国、韩国以及中国香港、台湾等地区出版机构或报刊出版发表。其中“人生启示录”系列漫画读物由三联书店香港有限公司出版并一度位列其畅销书排行榜前十；《香港经济日报》开辟“杨旭漫画”专栏连载其漫画作品长达数载。他以业余兴致作专业追求，以自得其乐求人生境界，练就了扎实的哲理漫画功底。根据他的策划，本书每则“对话”都配上了相应的哲理漫画。这些漫画，亦庄亦谐，一阴一阳，蕴涵深刻，寓意隽永，可谓妙笔生花。有了杨旭先生的圣手，我的这些“师生对”也就增辉添彩了。在此，诚挚感谢杨旭先生的加盟。

左亚文

2016 年 9 月 3 日于珞珈山麓

序　言

在这个广袤浩瀚的宇宙世界中，究竟什么东西才是最美的？是灿烂的晨曦、落日的辉煌？是青山的秀丽、高原的雄阔？是摩天的高楼、满城的灯火？这些无疑是自然界和人类社会之至美。然而，这一切都基于所有美之为美的终极之源，这就是人的思想。

恩格斯说，地球上最美的花朵是思维着的精神。尼采说，思想之美是美中之美。当这些哲人们说出这个命题时，其思想就是对这个命题的最好诠释。

在群芳众美中，思想之美之所以能脱颖而出，且集众美而一身，乃是因为只有人的思想才能创造美、发现美；只有人的思维才能认识美、欣赏美；只有人的精神才能汲宇宙之精华、作万物之灵长，从而成为花中之王。

试想在这个世界中若无人的思想，尽管自然界一切如旧，水流向东，日出如常，四时行焉，百物生焉，然而，美在何处？美为何物？这些都将成为一种虚无。

美之美，因人而在；

美之美，因人而生；

美之美，因人而美。

美是一种价值判断，离开人的思想，价值将随风而逝。

美是一种审美意识，离开人的思想，审美将不复存在。

思想之美，其根在理性。诚如亚里士多德所说，人是理性的动物。理性正是人高于和优于动物的特性之所在。由于人有理性，所以能脱离动物界，赋予人之为人的本性。由于人有理性，所以能反思自我、认识自然，把人从自然界分离和超拔出来。由于人有理性，所以能辨别善恶、区分真假，使真理得以彰显，正义得以弘扬，人性得以生长。由于人有理性，所以能组合群体，构建社会，涵养道德，制定法律，创造文明。

思想之美，其本在智慧。诚如费尔巴哈所说，智慧作为一种“类本质”，是人所特有的。尽管动物也有“自我感或感性的识别力”，能够根据一定的显著标志而具有对外界事物的知觉或判断力，但是，它没有“类的意识”。“只有将自己的类、自己的本质性当作对象的那种生物，才具有最严格意义上的意识。”① 由于人有“类的意识”，所以能够透过事物的外在表象，而把握其内在本质，这就是人思想的智慧特征。由于人有这种智慧，所以才能够“仰则观象于天，俯则观法于地，观鸟兽之文与地之宜，近取诸身，远取诸物”（《易传·系辞下》），从而发明科学、制造工具。“科学是对类的

---

① ［德］路德维奇·费尔巴哈：《费尔巴哈哲学著作选集》下卷，商务印书馆1984年版，第26页。

意识。”① 文化则是人“类本质”的对象化。

思想之美，其源在创造。诚如恩格斯所说，劳动创造了人。但只有人才能劳动，人能劳动则是因为人有思想。如果说劳动创造了人，那么，思想则是劳动的源泉。劳动就是人思想本质的物化，是人将自己的思想通过物质的生产活动对象化在一定的劳动产品之中。从远古至现代，从野蛮到文明，人类所取得的一切物质财富和精神财富，都是人的劳动创造的产物，最终则是人思想的结晶。人的创造本质在根本上就是不断突破和超越人自身的界限，作出新的发现，提出新的思想，凝练新的知识，从而进行新的发明和创造。正是由于有了这种创造，原始的自然才焕然一新，从而成为人类的美好家园。正是由于有了这种创造，自由的王国才得以建立，属人的世界才不断拓展。归根结底，美就是创造，美就是自由，美就是生活，美就是人的本质的感性显现，而人的本质不是人的肉体，而是人的思想。

因此，思想之美，乃是美其所美的本源、灵魂和实质，因而当之无愧地成为美中之美。

只有在思想中，我们才能发现美之为美的本质，才能找到解开美的一切奥秘的钥匙。

那么，思想的本质是什么？怎样对思想展开思想？如何正确地进行思想？有效提高人的思维能力的路径何在？又如何把自己培养成一个有思想的思想者？本书以师生问答的形

---

① ［德］路德维奇·费尔巴哈：《费尔巴哈哲学著作选集》下卷，商务印书馆1984年版，第26页。

式对此进行了较为具体和深入的探讨。

以思想为对象对其进行再思即思之思，这是一个比较抽象和深奥的哲学问题。凡理智健全之人都有思想，但能思想不等于会思想、善思想、有思想，如何做到通过会思想、善思想而成为有思想的思者、智者？本书主要围绕这个问题以深入浅出的方式进行了探析和解答。我们所倡导和追求的是以自己的语言说出自己内心之所思，拒斥空洞说教和简单灌输，破除教科书的思维定势和固定程式，融通中西，贯穿古今，不拘一格，有所创新。在我们看来，凡无新话新意，哲学应该止步；凡无个人所得，哲学理当缄默。

我国知名漫画家杨旭先生为本书每则对话都配上了风趣幽默且哲理深刻的作品，这些作品既可独立成篇，又与其文字内容相映成篇。这也是本书不同于其他哲学著述的一大特点。

目　　录

做个有思想的人

学生： 如何才能做个有思想的人？怎样才叫作有思想？

老师： 大脑是人的思维器官，一个人只要有一个正常的大脑（非精神病患者），就具有思维的能力。可以说，一个人能思考、有思想本来就是自然的天赋，或者说是人的一种本能。当我们说要做一个有思想的人的时候，并非此意。这里的“有思想”，是指一个人在对一些问题的看法上有自己的观点和独到的见解，有独立的精神和独立的人格。

首先，一个有思想的人必定具有勇于怀疑和批判的精神。对于前人的观点、他人的观念、传统的理论，有思想的人是绝不盲从和迷信的。当然，对其也不会简单地否定，而是要进行批判的分析和理性的考察，都要问一个为什么，然后来决定取舍。一个没有怀疑批判精神的人要想成为一个有思想的人是不可能的，没有怀疑和批判精神的人与“思想者”是无缘的。正是在这样的意义上，可以说没有批判就没有思想，没有怀疑就没有创造。一个有思想的人，是从来不会盲目崇拜什么权威的，他总是用批判的眼光去看待一切。这并不意味着否定一切权威，思想者也会肯定权威、尊重权威，甚至在一定的意义上也会崇拜权威。但是，这种崇拜是有条件的，是建立在一个独立的理性思考基础上的。

其次，一个有思想的人必定具有独立思考和求索的品格。思想者，乃真正的大丈夫也。他卓然屹立于天地之间，不盲从，不迷信，不媚上，不欺下，不以前人之思为思，不以他人之思为思，而是坚守主体本位，以我之思为思，以理性之思为思。如此之思即为反思。所谓反思，就是以思为思，对思进行再思。诚然，一个人在进行分析、判断和反思的时候，不可能不去借鉴前人的观点和考虑他人的意见，更不可能离开客观实际，那种漫无边际、天马行空般的思想一旦脱离理性的准绳，就会跌入虚无的主观主义的泥坑。

再次，一个有思想的人必定具有提出独到观点和见解的能力。在理论上，一个思想者总是勇于和善于超越前人，创造性地提出新的概念、新的观点和新的思想，成就一家之言。在实践上，一个思想者总是具有非同寻常的犀利眼光，能够穿透层层表象，而深入到历史深处，把捉到那隐含其中的时代根本问题。我曾经说过，一个有思想的人，可以说在每一个问题上，都能提出自己独到的观点和见解。这也不等于说，一个有思想的人从不赞成他人的观点，好发危言高论，自异于众人之外，而是说这种赞成是有条件的，这就是其观点的合理性，而且他也会在此基础上“接着讲”，以此推进这种观点的完善和深化。

有思想，是指一个人在对一些问题的看法上有其自己的观点和独到的见解，有其独立的精神和独立的人格。有思想，才会有自己。

最后，一个有思想的人必定具有强烈的学习和求知欲望。凡思想者，必然爱好学习、勤于思考、心胸开阔、广闻博览。对外界，他充满好奇的心理；对书本，他怀抱真挚的热爱。

他以追求真理为念，绝不故步自封；他以不懈求知为基，绝不停滞不前。即使是一个有思想的人，如果停止学习，懒于思考，其思想也会枯萎、凋谢，最后变质为平庸之人。因此，思想者欲永葆思想的青春活力，就必须不断学习，永远学习，在学习中思考，在思考中学习。

于芸芸众生之中，只有那些出类拔萃的精英分子才称得上是有思想的人。假如每个人都是思想者，那谈何有思想？有的人大脑健全，但不善于思想，提不出新的看法和见解；有的人思想僵化、以人为思，只能机械复制他人的思想；有的人依附从众，从来都是别人影响自己，而自己却从来没有影响过别人。一个时代，有思想的人毕竟是社会中的少数。但正是他们，代表着一个民族的内在精神，成为民族的脊梁和国家的希望！

做个善于思考的人

学生： 老师，一个人如何做才叫作善于思考呢？

老师： 一个爱思考的人不一定能成为思想家，一个人既要爱思考还要善于思考。有的人也整天在思考，甚至苦思冥想，却越想越糊涂，越想越愚笨，没能成为思想家。而有些爱思考的人，则越想越深邃，越想越明白，最终成为一个思想家。这里的区别在于是否善于思考。

学生： 什么叫善于思考呢？

老师： 善于思考主要包括四点。

第一，善于认识和把握“道”。中华民族是一个富有哲学思维的民族，做什么事情都讲“道”。所谓茶有茶道，足有足道，文章有文章之道，演讲有演讲之道。从哲学上讲，这里的“道”主要是指规律。老子说：“道，可道，非常道；名，可名，非常名。”这里的“道”，就是指“常道”，即常驻不变的“道”。而常驻不变的“道”，就是存在于事物之中具有相对稳定性的内在联系即规律。一个善于思考的人，首先是一个善于认识和把握“道”即规律的人。这样的人必定思想深邃，能够不被事物的外像所迷惑，深入到事物的内部，把握其内在的本质规律。但把握事物的本质规律并不是一件容易的事情。事物的本质规律并不是一个现成的东西，它不是一个一个的具体事物，也不是存在于事物之中可以被人感知的实体，而是内存于杂多事物现象之中的具有本质属性的“共相”。我们抓住了这个具有本质属性的“共相”，也就抓住了事物的规律，即把握住了“道”。所以，善于思考的人绝不会局限于一时一地、一事一物，而是放开眼光，在同一类事物之中通过观察、归纳、分析、综合、抽象、演绎、比较和鉴别等功夫，舍弃那些非本质的属性，找到那本质的“共相”，从而把握住事物的内在规律。因此，善于思考的人，首先是一个善于发现“道”、认识“道”、把握“道”，并且按“道”办事的人。

第二，不满足于小道而追求大道。正如亚里士多德所说，那些智者们首先认识一些细小的事物，进而认识更大领域的事物，最终上升到对整个宇宙世界的认识。所以，善于思考的人，绝不局限于小道。局限于小道的人最多只能成为技术专家，不可能成为思想家。例如，在哲学社会科学领域，有些人专注于文献的考证和诠释，这当然是十分重要的，这样的人才也十分可贵。但是，如果做学问只停留在考证和诠释上面，而提不出什么新的思想观点，甚至如有些学者公开申明的那样，“只作考证，不问意义”，那么，这样的人充其量只能成为学术家，而不可能成为思想家。

一个人不仅要爱思考，还要善于思考。善于思考，人才会到达思想的高处。

因此，一个善于思考的智者，绝不局限于小道，也绝不满足于对前人文献的考证和辨析上面，而是能够由小道推进到大道，由学术升华为思想，最终落脚于对宇宙人生之终极之道的研究。可以说，一个善于思考的人，必定是一个关于天下大事的人，必定是一个具有历史的责任感和使命感的人，必定是一个心系国家前途和民族命运的人，必定是一个脚踏实地而又仰望天空的人。

第三，善于逻辑地思维。有的人虽然思考，但是他的思维是混乱无序的。一个逻辑思维混乱的人，是无法形成和提出一个新的思想观点的，更不可能构建一个具有内在逻辑联系的理论体系。而善于思考的人会把无序的思维进行整理，使之具有逻辑性。具有逻辑思维的人，其思维不仅是清晰的和有条不紊的，而且其运行的过程也是由浅入深、层层递进的。因此，逻辑思维的逐步展开和深入，不仅仅是一个思维形式的问题，而是要触及事物的本质，在混乱无序中理清事物的内在联系。

第四，坚持思行合一，不闭门造车。善于思考不纯粹是一个思想问题，也是一个实践问题。善于思考的人，必定是一个善于行动的人。不善于行动，谈不上善于思考。因此，善于思考必须思行结合，在行中思，在思中行，使思行产生共鸣、共振、互动、互生。如此推进思想的深化，促进思想的升华！

在思考中学习思考

学生： 老师您说过，“要在思考中学习思考”，这句话怎么理解呢？

老师： 一个正常的、理智健全的人都有思想，但有思想的人不一定会思考，人的思维能力是有高有低的。人的思维能力的高低，实质上就是一个会不会思考的问题。

在现实生活中，我们经常看到，有的人思维能力很高，有的人思维能力较低，这个固然与他的天赋、与他受教育程度有关，但是我们还看到，有些天赋相当、所受教育的程度也基本一致的人，他们的思维能力和思维水平却有着天壤之别。这又是什么原因呢？

我上次讲到，这个人的思维能力的高低与人的悟性有关。悟性虽然与人的禀赋有关，但它主要是通过后天的培养来予以提高的。那么，如何去培养和提高人的悟性，进而提高人的思维能力呢？在我看来，关键就是要在思考中学习思考，正如在游泳中学习游泳、在战争中学习战争一样。

黑格尔曾经讥讽康德，在人的认识活动之前，要考察人的认识能力。他说这种做法就好比一个学究教导他的学生，在没有学会游泳之前，切勿冒险下水。他的意思就是说，要在认识活动当中，去考察人的认识能力，不能离开人的认识活动去考察人的认识能力、认识条件。同样，一个人要提高自己的思维能力，就要在思维中学习思维、在思考中学习思考。也就是说，一个人要勤于思考，要善于思考，在思考中学习思考，在思考中提高思想的水平。

其实，每个人除了睡觉之外，大脑都在运转，都在进行着思维活动，但是有些思维活动属于一般的感性思维活动。这些感性思维活动，由于还停留在对事物现象形态的认知和感受上面，因而其还处在一个日常的经验水平之上。真正的思维和思想要超出感性的经验，深入到事物的内部，把握其本质规律。这就需要我们开动思维的机器，对大量的感性经验知识进行分析、鉴别、抽象、推理、归纳、演绎、综合、概括、加工和改造，在这样的基础上得出关于事物的真知，这就是高级的思维活动。由此可知，从总体上讲，人们的思维活动既包括低级的思维活动即感性经验的思维活动，也包括高级的思维活动、理性认识的思维活动。但严格地说，一般的思维活动主要指的是高级的思维活动。

一个理智正常的人都有高级的思维活动，但只有少数人能够具有很高的思想水平和思维能力，其中的原因又是什么呢？

我认为，一个人要具有很高的思想水平和思维能力，除

人要在思考中学习思考，正如在游泳中学习游泳，在战争中学习战争一样。

了要勤于思考之外，最为重要的是要在思想活动中有意识地学习和培养自己创造性思维的能力。我们可以作一个假设：具有同等天资和勤奋程度的人，让其接受不同的思想教育和思维训练，其中一个接受开放式的创造性思维的教育和训练，另一个接受灌输式的教条性思维的教育和训练，经过一段相当长（三年以上）的时间之后，二者的效果是截然不同的。其实，这样的教育和训练对比常常发生在我们身边。在高校的研究生教育中，我们看到不同的学术氛围特别是不同老师的教育风格所培养学生的素质是存在很大差别的。可见，在思考中学习思考最有效的途径是进行创造性思维的培养和训练。

所谓创造性思维，就是指能够突破传统的思维方式，提出不同于他人的新知新见的一种思维活动。创造性思维的一个显著特点是开放式的求异性思维和批判性思维。具有创造性思维的人敢于超越传统和不畏权威，不以书本之思为思，不以他人之思为思。他充分运用自己的理性思维，对外在的事物和既有的观点作出自己的判断，然后决定取舍。可以说，一个具有创造性思维的人，几乎在每一个问题特别是重大问题上，都能提出自己独到的见解。一个人只有在这样富有创造性的思维活动中，才能有效地磨炼自己的思维，从而提高其思维能力。

俗话说，刀越磨越快，思想越用越活，如果一个人爱思考问题，爱琢磨问题，爱动脑筋，求知欲盛，创造性强，久而久之，他的思维能力也就提高了，正如一个人在水里扑腾久了，就自然而然地会游泳了。

如何逻辑性地思维

学生： 老师，您说过要逻辑性地思维，那么，我们应该如何逻辑性地思维呢？

老师： 马克思认为，一个人要学会逻辑性地思维和明确地表达思想。今天我就想讲一讲如何逻辑性地思维的问题。

我们的思维活动是借助于语言进行的。语言是由词语组成的，词语应该是语言的最小单位。词与词之间的结合就构成句子，其结合方式就具有逻辑性。

比如说，一个句子由主词、谓词和宾词三部分构成，一个句子不能只有主词而没有谓词，或者只有谓词和宾词而没有主词，主、谓、宾齐备才能构成一个完整的句子。主、谓、宾之间的这种搭配、连接，实际上就是一种语言逻辑。有些人写文章或说话不通畅，往往就是源于语句中缺少主词或谓词和宾词，或是主、谓、宾搭配不当等，这些都违背了语言的逻辑。这是词与词之间的一种逻辑性。

在语词逻辑性的基础之上形成句子。那么，句子与句子之间有没有逻辑性呢？

我们要表达一种意思，往往要使用多个句子。句子与句子之间也有一个逻辑性的问题。如“不仅……而且”这样的句式就表达了一种逻辑递进关系；“虽然……但是”这样的句式表达的是一种转折关系；有些分句之间没有带连接词，它们之间也有其逻辑关系。“老师，我感冒了，想看医生，向您请个假”，这三句话之间就有一种因果逻辑联系：前两句是因，后一句是果。这三个句子也可以倒装过来：“老师，我要请个假，我感冒了，要看医生”，这样说，就是把果放在前，把因放在后了。

我们平时说话，句子与句子之间都是有逻辑联系的。一篇很长的文章或是一份较长的报告，它由很多段落组成。其句子与句子之间不仅有逻辑联系，而且段落与段落之间也有逻辑联系。所以，我们在表达观点的时候，不仅要注意句子中词语之间的逻辑搭配、逻辑联系，而且要注意分句之间、段落之间的逻辑联系，以使对问题的表达条理清晰、逻辑严谨，既不多说一句废话，也不少说一个要点，这样的报告或文章才能达到明确表达思想的目的。

以上所述，涉及的是一种外在的逻辑。这种外在的逻辑是属于语言层面的叙述逻辑或者说是表达逻辑。这种逻辑也是很重要的。因为我们在思考某个问题的时候，实际上就是在自我对话。自我对话也要注意条理的清晰性，而不是乱成一团。我们平时要注意养成这样的逻辑习惯，不仅和别人对话而且和自己对话时都要注意这种表达逻辑，不能让自己的思绪信马由缰，走到哪里算哪里。如果你能长期养成这种逻辑思维习惯，那么，你的语言表达能力以及明确地思维的能力自然而然就提高了。

除这种叙述逻辑或表达逻辑外，还有一种更为重要的逻辑——我将其称为内在的逻辑。所谓内在的逻辑，就是探讨问题的一种思维方法，而这种思维方法通常是有一种内在的逻辑性的。例如，我们对事物本质的探讨总是循着由浅入深、由外至里的逻辑线路进行的：先考察事物的表层，然后进入中层；由中层再进入它的底层，而底层里面又有层次性。就像列宁所指出的，事物有一级本质、二级本质、三级本质、四级本质等，层层深入，以至于无穷。这就好比是剥洋葱，一层一层地剥，最后露出透明的葱芯。剥葱的过程是有其内在逻辑联系的。

例如，探讨腐败的根源问题。刚开始时，人们认为腐败问题主要是由于官员的道德水平低下、世界观改造不力造成的。实际上，这只是腐败的表层原因。后来又认为腐败与我们党对官员的教育失误有关。但这也不是最重要的原因。找来找去，最后才找到了最根本的原因，这就是权力的制约问题。

早在 18 世纪，孟德斯鸠就曾谈到权力运行有其铁的规律，就是它只有遇到界限的时候才会停止下来。这就是说，权力如果不受约束，就必然发生腐败，这是不以任何人的意志为转移的。现在社会出现的大面积、大范围、大规模的腐败，主要是由于民主法制不健全、权力缺乏有效制约造成的。

但这还不是终极的根源。在我看来，终极的根源是人性问题。人性里面有恶的一面，人性是善恶矛盾的统一体，人永远是一个亦善亦恶的存在物。正因为如此，我们在进行权力设计的时候，一定要对权力进行制约，不然人性恶的方面就会泛滥，就像打开了潘多拉的盒子一样。

综上可以看出，我们对腐败根源的探索就经历了一个由浅入深、由事物的表象到事物的本质、由一级本质到二级本质再到三级本质的层层递进的过程。这里既有历史的逻辑，也有理论逻辑，是历史逻辑和理论逻辑的统一，这就是探讨问题的内在逻辑。

除此之外，探讨问题的思维逻辑还表现在多方位、多角度、立体的、全面的观察问题的方法。例如，道德滑坡问题是怎样产生和形成的？无疑，它有极为复杂的多方面的原因。对这些原因的认识，我们也经历了一个由片面到全面、由单维到多维的逻辑过程。在开始的时候，我们认为道德滑坡是由于我们内在的道德良知弱化而造成的。后来我们又进一步认识到，对传统文化的全盘否定，致使社会价值道德血脉中断，这也是造成道德滑坡的一个重要原因。除此之外，道德滑坡还因为我们正处在一个剧烈的社会转型时期，旧的道德遇到挑战，符合社会主义市场经济的道德又未产生出来，从而造成了道德转换时期的紊乱和失序，这也是一个重要原因。民主法治不健全、司法腐败，致使道德底线不保，是道德滑坡最为根本的原因。可以说，道德滑坡是多方面原因综合作用的结果。而这些原因之间又有其内在的逻辑联系。

如此看来，我们对某个复杂问题的探讨必须运用正确的逻辑思维方法。如果我们不能正确地运用逻辑的思维方法，

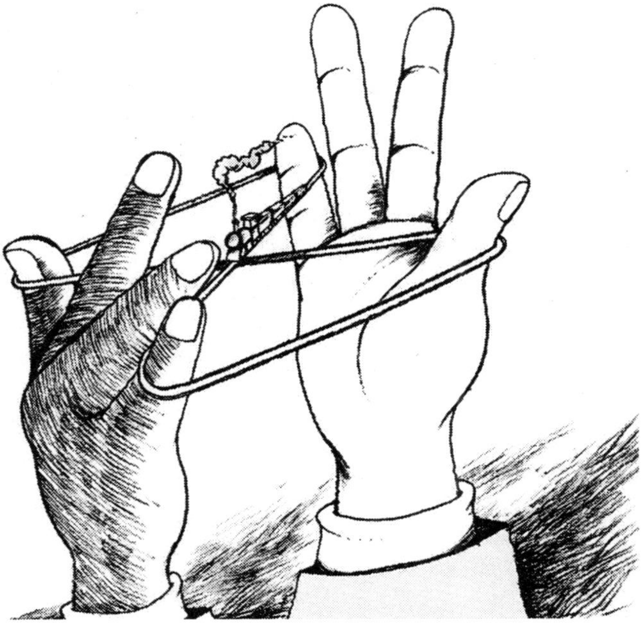

人，要学会逻辑性地思维和明确地表达思想。唯有如此，思想的列车才不会偏离和迷失。

就很难把握事物的真相，很容易走向片面，流于肤浅，失之偏颇。所以，内在的逻辑思维方法更为重要。

当然，我们在思考问题的时候，既要注重外在的逻辑，又要注重内在的逻辑。其实，外在的逻辑和内在的逻辑这两个逻辑的区分也是相对的，它们相互依存，相互渗透，相互转化。因为人们在探讨事物本质的时候，就需要逻辑性地思考，思考就是与自身对话，这里面就有叙述的逻辑。所以，应将外在的逻辑和内在的逻辑有机地、逻辑地结合起来，并且不断地提高逻辑地性思考问题的能力。

思想的五层次

学生： 在现实生活中，人们的思想层次和水平是很不一样的。请老师具体分析一下这种情况。

老师： 人的思想按照其思维水平的高低可以划分为五个层次，依次是有思想、能思考、勤思考、善思考、有思想。起点是有思想，终点也是有思想，起点和终点首尾相接，一体贯通。

其一是有思想。所谓有思想就是人跟动物不一样，其天生具有一个能进行思维活动、具有思维属性的大脑。动物也有大脑，但动物的大脑是不能进行思维活动的，不具有思维的属性。思维是人的大脑所特有的功能。现代动物学研究证明，某些动物具有比较低级的思维，比如黑猩猩通过专门的训练可以识别几百甚至上千个英语单词，能接受人的指令从事一定的活动，可以教它烧烤——教它生火、放佐料，从冰箱里面取东西，只要把指令显示在屏幕上，它都能做到。这足以证明像黑猩猩这样的与人相接近的动物是有一定思维能力的，但是它的思维能力处在比较低级的水平上，不可能达到像人类这样的高级思维水平。总的来说，有思维是人的大脑所特有的一种本质属性。

其二是能思考。人只要有一个健全的大脑，就能够进行正常的思维活动。具体来说，能思考包含两层意思：第一层意思是说，只要理智正常的非精神病患者，都具有思考的能力；第二层意思是说，理智正常的非精神病患者，只要勤于思考、善于思考，都能够达到很高的思想境界。

其三是勤思考。有些人的思维水平为何达不到较高的层次？原因就在于思想懒惰，不愿意从事艰苦的脑力劳作，自己的大脑整天处于闲置的状态；或者局限于日常的感性经验范围内，不愿去思考那些与人的物质生活没有直接关联的问题。正像马克思所说的，原始人的意识在一个相当漫长的时期处在动物的水平，这并非说他们就是动物，而是指其思维水平没有超越动物式的直接生存的范围。所谓人与动物的不同，就在于其能够超越直接的生命活动，去思考诸如政治、道德、宗教、哲学、文学、艺术等非生存的问题。

其四是善思考。一个勤于思考的人，如果未能掌握正确的思维方法的话，在思想理论上就难以达到很高的造诣。一个人欲达到较高的思维层次和境界，就要掌握科学的思维方法。比如，一个被本本主义束缚头脑的人，把本本上的话当作神圣不可侵犯的教条，这样的人有可能达到较高的思维水平和境界吗？答案显然是否定的。一个善于思考的人，就要敢于打破传统、超越教条，赋予自身以创新的精神，以开放

人的思想按照其思维水平的高低可以划分为五个层次，依次是有思想、能思考、勤思考、善思考、有思想。起点是有思想，终点也是有思想。

的态度去对待一切新的事物。

其五是有思想。这里的“有思想”和作为起点的“有思想”是有所不同的。这里的有思想是指一个人对于其研究对象的看法有见解、有创意，达到了很高的思想水准，具有很强的思维能力。它与作为起点的“有思想”是一体贯通的，也就是说，一个人只要勤奋努力，就能够从作为起点的“有思想”，依次经过必要的中间阶段，最终达到作为终点的“有思想”，即成为一个有思想的思想者。这也就意味着每一个人都具有成为一个有思想的思想者的潜能，所以，起点和终点是贯通的。

我记得孟子曾经讲过，“人皆可为尧舜”（《孟子·告子章句下》），荀子也说过，“涂之人可以为禹”（《荀子·性恶》）。思想家不是天生的，每个人都有成为有思想的思想者的潜质。但是，若要使这种潜质转变为现实，就非得经过千锤百炼不可。在现实生活当中，我们看到真正有思想的人凤毛麟角，只有极少数的人才有可能成为这样的社会精英，才能从有思想的起点出发，跨越中间那些阶段，最终到达光辉的顶点，成为一个有思想的思想者。

如何提升思想的层次性

学生： 左老师，我们该如何提升思想的层次性呢？

老师： 我在前面已经讲过，人的思想由低到高可以划分为五个层次：有思想、能思考、勤思考、善思考并有思想。但在现实生活中，相当一部分人的思想仅仅停留在能思考的阶段，只有极少部分的人能够跨越能思考、勤思考、善思考并达到最高境界——有思想。

这是为什么呢？我想，大致来说有以下几个方面的原因：

第一，缺乏勤奋的精神，懒于思考问题。正像黑格尔曾经谈到的，思想活动是一种非常艰苦的劳作，它一点也不亚于体力劳动。体力劳动很辛苦，它所耗费的是人的体力，流淌的是汗水；脑力劳动同样很辛苦，它所耗费的是人的心力，流淌的是心血。有些科学家和思想家为了攻克一个科研难题，可谓绞尽脑汁、费尽心力，其每一项成就都是在经历了千辛万苦的思想耕耘之后，才最终结出的丰硕的思想之果。正因为如此，许多人由于缺乏持之以恒的刻苦耐劳精神，当面对这种艰辛的科学研究活动的时候，望而生畏、止步不前，结果始终徘徊在科学的殿堂之外而不能登堂入室。

第二，未能掌握科学的思维方法，甚至被错误的思想观念所束缚。有些人勤于思考，对科学研究也怀有极大的热忱。这样的人为什么还是达不到一个思想者应有的思想高度呢？也许不是因为他们的天赋不够，也不是因为他们的能力不足，而是因为他们被错误的思想观念禁锢住了自己的头脑。例如，一个满脑子教条主义思想的人，就不可能在学术上有较大的作为。因为这些人奉行本本至上，不敢越雷池半步，怎么能有勇气提出越迈前人的新的观点和新的思想呢？

在这里，我要特别强调的是，一个思想者往往具有一种非常规性的思维，或者叫作求异性、反向性思维。他敢于突破陈见，在前人的基础上提出自己的独到见解；他善于另辟蹊径，从一个新的角度切入来探讨问题；他敏于观察事物，于“百姓日用而不知”的现象中捕捉到世间大道。

第三，局限于狭隘的物质生活，没有大的思想格局。一个有思想的人，必定非常关心现实生活中的重大理论和实践问题；一个有思想的人，必定深切关注国家社会的大是大非；一个有思想的人，必定心系祖国的前途和人类的命运；一个有思想的人，必定具有高度的历史使命感和责任感。如果一个人只考虑一己之私，其思想始终局限于与个人利益相关的日常生活的狭小范围内，而对与此无关的问题不感兴趣，这样的人要想达到较高的思想境界是不可能的。而且，这些人压根也没有想成为一个思想者。一个不想成为思想者的人，

一个人要想达到很高的思想境界，不但要勤于思考、善于思考，还要能够在一定程度上超脱世俗的生活，具有崇高的思想情操。

怎么能成为思想者呢？一个只顾着吃饭睡觉的人，是不可能成为思想者的。只有追求思想的人，才有可能成为思想者。但是，思想往往是不能当饭吃的，它既源于物质生活又与物质生活相去甚远。所以，一个人只有超越一定的物质生活和物质利益，才有可能达到较高的思想水平。

以上的分析从反面告诉我们，一个人要想达到很高的思想境界，提升到很高的思想层次，不但要勤于思考、善于思考，还要能够在一定程度上超脱世俗的生活，具有崇高的思想情操。只有这样的人，才有望成为一个时代的思想者！

论思想的抽象性

学生： 我们应该如何理解思想的抽象性呢?

老师： 思想是抽象的，而不是感性的。感性的东西看得见、摸得着，而思想在大脑里运转，看不见、摸不着，属于形而上的东西。

首先，思想的抽象性表现在它所运用的概念是抽象的。概念就是词，英语叫作“word”。词是语言最基本的单位，就好像盖房子需要砖头一样，词就相当于建构思想体系的砖头。但作为思想“砖头”的词语却具有抽象性。比如“苹果”这个词，就是一个抽象名词。它既不是指A苹果、B苹果，也不指C苹果和D苹果，它是无数个不同种类、不同形状和不同颜色的苹果的总和或集合，因而它是一个抽象概念。

至于我们在思考理论问题特别是哲学问题的时候，所使用的名词还不是这些具象的名词，而是像黑格尔所说的“纯概念”，也就是最一般、最抽象的概念。所以，我们在用词语、句子进行思考的时候，实际上就是在进行抽象思维活动。

其次，思想所指向的对象是抽象的。思想的对象就是事物的内在本质。我们在进行思维活动时，其目的是为了透过事物的表象去认识事物的本质，而事物的本质不是现成的，而是渗透于杂多的现象之中。我们能够直接感受到的是事物的外在表象，而事物的抽象本质只能用思想去捕捉。正如一个人，其本质的善恶美丑，我们无法直接感知。人的本质属性渗透在其所有的行为活动当中，属于一种非实体性的东西。正像马克思谈到经济形式时所说的："分析经济形式，既不能用显微镜，也不能用化学试剂。二者都必须用抽象力来代替。"①

最后，对事物本质的把握最终也是用抽象理念来加以概括的。马克思曾经讲到，我们的认识活动要经历三个阶段：从感性的具体到本质的抽象，再到理性的具体。理性的具体实际上是思想的具体，也就是一系列概念。人们对事物本质的认识，通过感性经验，深入到事物的内在本质，最终上升到概念的高度。正如对一个人的认识，通过对其长期观察和与其交往，我们认识到这个人的心灵很美、本性善良，这实际上就是用概念来加以把握的。

可见，从感性的具体经过本质的抽象，最后到理性的具体，是一个由物质到精神、由存在到思想的过程，也是通过抽象最后上升到理性概念的过程。在这里，抽象既是一种手

① 《马克思恩格斯选集》第2卷，人民出版社1995年版，第99~100页。

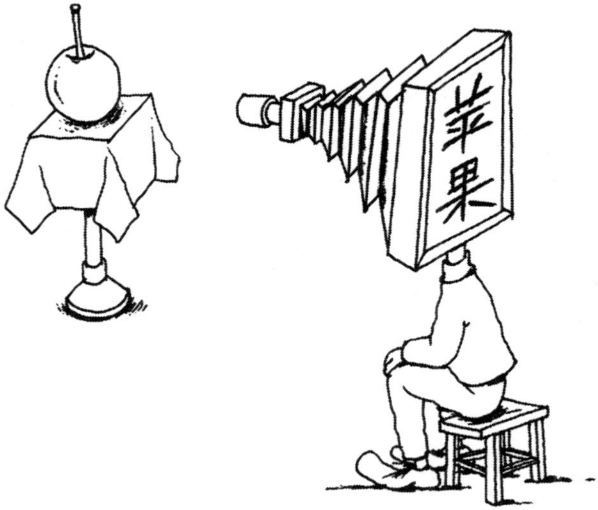

思想是抽象的，而不是感性的。感性的东西看得见、摸得着，而思想在大脑里运转，看不见、摸不着，属于形而上的东西。

段，也是一种目的。它首先是一种手段，如果不通过抽象的手段，是无法把握事物本质的。同时，抽象也是一种目的，因为对其本质的认识最终要用抽象概念来把握，你无法用别的方式来把握。人的本质不是一件雕塑品。一名工匠雕刻一座雕塑，其最后的成品是一件艺术品，而这件艺术品是感性的。但是，一位思想家通过思想探索得出的认识结果，不是一座雕塑品，而是一个思想成果，它是一个抽象的东西，是以概念形式呈现出来的精神结晶。

因此，思想是一种抽象的活动，它自始至终处在抽象的过程之中。它既以抽象为起点，亦以抽象为归宿。人们的认识活动就是一个由较低级的抽象不断走向较高级的抽象的过程，如此循环往复，以至无穷。

哲学的思辨性

学生：“为什么哲学具有思辨性？如何理解哲学的思辨性？”

老师：“思辨，这是哲学的一个特有概念，既可作名词，也可作动词，其意是思考、思虑、辨析、论辩。其实，任何科学研究包括社会科学和自然科学研究都要进行思辨，思辨并不是哲学的特权。那么，具体科学的思辨与哲学的思辨有何不同呢？”

首先，哲学研究的对象本身就具有思辨性。亚里士多德曾经明确指出：“有一门学问，专门研究‘有’（有的译成‘存在’或‘万有’）本身，以及‘有’凭本性具有的各种属性。这门学问与所谓特殊科学不同，因为那些科学没有一个是一般地讨论‘有’本身的。它们各自割取‘有’的一部分，研究这个部分的属性；例如数理科学就是这样做的。”① 只要我们考察一下古代东西方哲学的起源，就可以发现，无论是古希腊的哲人，还是中国古代的圣贤，他们所关注的问题皆是关于宇宙世界的一般性问题。按照古希腊学者的说法，就是探讨万物的本原问题。

至于万物的本原到底是什么，不同的哲学家有不同的回答。有的哲学家把万物的本源归结为水、土、火、气等物质，有的哲学家把它归结为五行八卦等元素。但是，他们研究世界本原的旨趣不在于这些物质的特殊属性，而在于探讨万事万物的普遍本质。所以，黑格尔形象地把泰勒士的“水”比喻为“思辨的水”，因为这里的“水”已经不是指具体的感性的水，而是指作为万物普遍本质的“水”。

与古希腊哲学家同时期的中国古代哲学家也在思考万物的本原问题，而且有的哲学家也把万物的本原归结为水。除了研究万物的本原之外，哲学家们还要研究整个宇宙世界发展的规律性问题，中国哲学把它叫作“道”。

除此之外，正像苏格拉底和柏拉图所说的那样，哲学家往往还要探寻人类社会中的普遍性和规律性的问题，比如什么是正义、平等、善、美，等等。这里的正义、平等、善和美等都不是具体的、感性的对象，而是探讨某一类事物当中作为其本质而存在的“理念”，“理念”就是这一类事物赖以存在和发展的基础和源泉。

---

① 北京大学哲学系外国哲学史教研室编译：《西方哲学原著选读》上卷，商务印书馆1981年版，第122页。

与此同时，哲学家们还要研究认识论的问题。古希腊哲学家把它叫作知识论，中国古代哲学家把它叫作知行关系。正如毕达哥拉斯所说的，古希腊哲学奠定了哲学研究的三大基本问题：本体论、伦理学和知识论问题。不管哲学的研究对象、重心及其内容如何变换，哲学研究的这三大板块是永恒不变的，否则就不能叫作哲学。

当然哲学还在向前发展，从19世纪中期以后产生了部门哲学，也就是应用哲学。自然科学家当中有一些热爱哲学的人开始专门研究所谓实证哲学、分析哲学、科学哲学；人本主义潮流当中有一些哲学家研究人的意志、人格、存在、无意识等，这些都把哲学在一定程度上具体化了，与具体的社会科学、自然科学相联系，从中产生了部门性或应用性的哲学。后来又产生了经济哲学、管理哲学、艺术哲学、军事哲学、社会哲学，等等。后现代哲学进一步研究文本、文化、知识等更为具体的哲学问题。但是，它们都具有一个共同特点，就是进行终极性的追问和探讨。所以，总的来说，哲学所指向的对象都具有终极性和无限性的特点，而对于这样的对象我们是无法直接去把握的。我们不可能把它们搬到实验室里去进行试验，因为这些对象本身就是思想的产物，只能通过抽象思辨的概念来加以把握，而没有别的办法。

其次，哲学研究的方法、途径和手段也具有思辨性。如前所述，因为哲学研究的对象都具有无限性和终极性的特点——在广度上具有无限性，在深度上具有终极性。对于这些现象，我们不能像对待自然科学一样用实证的方法去研究，而且它们也无法被实证。我们所能使用的方法、手段和途径只能是抽象的思辨。

当然，抽象思辨也不完全是抽象的，它具体表现为分析、综合、归纳、演绎、推理和概括等方法。与实证科学不同的地方在于，当哲学使用这些方法的时候，都是在抽象的思维里面进行的。诚然，这种思辨不是主观随意的，而是遵循理性的原则。这就是以自然科学、社会科学和思维科学的研究成果作为基础，使其思辨的过程言之成理、持之有据，在理论上有自圆性，在逻辑上有自洽性。同时，这种思辨结果也要经受得住实践的检验，不与实践相违背，尽管这种检验是一个长期的乃至无限的过程。

最后，哲学研究的结果也具有思辨性。哲学家在进行哲学探讨的时候，对问题要进行题解，从而形成一定的理论成果。与其他具体科学相比，这些成果都具有高度的抽象性和思辨性，这也是哲学的一个重要特点。

其一，哲学研究的成果从内容上讲具有高度的思辨性。因为它是对宇宙人生的终极性追问所作出的终极性的解答，是对万物最深层本质的揭露，是对事物发展一般规律最一般的反映。在社会历史领域，正像黑格尔所说的，哲学是对世界精神、民族精神之精华的聚焦和彰显。

其二，哲学研究的表现形式也具有高度的思辨性。真正的哲学著述，其文字必定是十分抽象、凝练的，因而不免带有几分晦涩。它的整个论证过程表现为一系列的逻辑推演，而且是建立在概念基础上的抽象的逻辑推演，如果不认真参读，是很难进入其思想逻辑之中，并把握其中深意的。

总的结论是：哲学的思辨大大强于其他具体科学，浓厚

思辨，意指思考、思虑、辨析、论辩。哲学，有其独特的思辨性。

的思辨性是哲学的一个显著特色。如果说其他具体科学的思辨是建立在实证基础上并且指向实证对象的话，那么，哲学的思辨则建立在抽象的理性原则基础上并且指向对象的抽象。

如何提高哲学素养

学生： 老师，我们应该怎样提高哲学素养呢？

老师： 人的素养是一个综合性的概念，包含多方面的内涵，如科技素养、政治素养、思想素养、道德素养，等等。其中哲学素养是思想素养中一个相当重要的内容。不仅如此，一个人的哲学素养还带有统摄的性质，能够把其他各种素养统一、贯通起来，使之形成一个有机整体。可见，哲学素养在人的综合素养中占有十分重要的地位。

那么，如何来提高人的哲学素养呢？我们通过什么样的路径、方法来提高人的哲学素养呢？

第一，认真研读哲学经典。恩格斯说："理论思维仅仅是一种天赋的能力。这种能力必须加以发展和锻炼，而为了进行这种锻炼，除了学习以往的哲学，直到现在还没有别的手段。”① 学习哲学史主要是研读中外哲学史经典。现在哲学教育中存在一种不好的现象，即只读哲学概论而不读哲学经典。哲学概论需不需要读呢？当然也是需要的。但是，读哲学概论只是引领我们进一步研读经典的一个入门向导，绝不能代替经典阅读。我是专门从事哲学教学和研究的，根据我个人的体会，一个人哲学水平的高低与他究竟读懂了多少中外哲学经典是成正比的。用一句通俗的话来说就是，一个人肚子里装了多少经典，他的哲学水准就有多高。当然，研读经典的关键在于读懂。如果没有读懂，对经典一知半解、不求甚解，就等于白读。我们对经典既不能一知半解、不求甚解，更不能囫囵吞枣。我们应该仔细地反复研读经典，边读边思考，边读边推敲，边读边琢磨。如此每读一遍，往往都能有新的收获。经典是常读常新的，其意义是无穷的。一个从事哲学研究的人，对于中外哲学史上的名著，都需要熟读，而且要读懂。这是提高哲学素养最有效的途径。

第二，不断提高领悟性能力。为什么有的人能够读懂经典，而有的人只能读个半懂或者完全不懂呢？这跟人的悟性有着莫大的关联。在研读经典的时候，要深入思考，领悟其中的深意。研读经典不仅仅是一个被动接受的过程，同时也是一个进行创造性探索的过程。对于经典上的每一句话，我们都要寻根溯源，而且要联系实际加以发挥和发展。要与古人进行对话，在对话中实现超越。要有反思和批判的精神，

---

① 恩格斯：《自然辩证法》，人民出版社 1971 年版，第 27 页。

对于经典我们应带着批判的头脑、怀疑的眼光去进行研读，而不是消极被动地接受。所谓领悟，并不是什么抽象的东西，而是一种能动的批判和反思的精神。如果我们能以这样的态度去研读经典，那么不仅可以读懂而且能够不断提升自己的悟性能力和悟性水平。

第三，培养自己的批判性和非常规性思维。提高人的哲学素养，读书只是一个途径，但并不局限于读书。在社会生活中，我们不仅要读懂有字之书，还要读懂无字之书，多向社会学习。社会就是一本包罗万象的无字之书。“世事洞明皆学问，人情练达即文章。”读懂有字之书固然重要，但我们不能把自己变成书虫，只沉浸于书的世界里，我们同时也应该是一个生活者、实践者。在生活实践中，要善于用哲学的眼光去观察一切事物，善于用哲学的思维去思考一切问题。哲学的眼光、哲学的思维，其实就是一种批判性和非常规性思维。这样的思维，必然能够超越常人的认知，突破传统的旧见，洞察生活的底蕴，在百姓日用而不知的地方提出新的问题。孔子曾经讲道：“人莫不饮食也，鲜能知味也。”（《礼记·中庸》）其意是说，人每天都要吃饭，但没有人仔细去咀嚼其中的味道。这是一个比喻，是说我们每天都在从事日常实践活动，但没有人认真去思考和发现其中的一些普遍性道理。孔子提到的这个道理就是“中庸之道”，它存在于我们的日常生活中，只是我们往往对它视而不见。所谓中庸之道，是指做事情不偏不倚、恰到好处，按照现在的话说，就是把握适度最好。任何一个事物如果超出了一定的度，就会向反面转化。爱美之心，人皆有之。但美是有度的，超过了一定的度，美就会变成丑，所谓美到极致即为丑。孔子善于在百姓日用而不知中凝练出一般的哲理，揭示蕴含其中的一般规律。从事哲学研究的人，应该具备这样的哲学眼光和哲学思维。

第四，积极参与研讨辩论。哲学作为智慧之学，不仅需要个人的沉思，还需要与人论辩。回首历史，我们发现古希腊的哲学家们往往通过论辩的方式来进行哲学智慧的探讨。辩证法就是一种通过反复诘难、辩论的形式来探讨哲学问题的方法。这是通向哲学智慧的一条重要路径。哲学家不能固执己见、闭门造车，而是要积极参与研讨辩论。在与人研讨辩论的过程中探讨和发现哲学智慧。所谓思想越辩越明、智慧越探越深，就是这个道理。

目前，我国的哲学教育中存在着许多的问题。我们不能否定学校对哲学教育的重视，但这只是形式上的重视，而且其教学的效果总是不尽如人意。哲学的这种教育违背了哲学的本性，即把哲学教学实证化、公式化、教条化，要求学生死记硬背哲学的条条框框。在进行研究生政治科考试时，哲学都被公式化了，采用选择题的方式来进行考试，完全违背了哲学的本性。因为哲学是无定论的，是不能被实证化的。我们不能把哲学等同于诸如数学那样具有标准答案的科学。在这方面，西方的哲学教育值得我们借鉴。西方的大学也十分重视哲学素养的培养和教育，其哲学教学大纲里就明确提出要注重培养学生的批判精神和自由思考的能力，其哲学考试就是写哲学论文，即通过提出某个问题要求学生根据问题在规定时间内完成一篇论文，或者引用哲学经典中的一段话

哲学素养是思想素养中一个相当重要的内容。不仅如此，一个人的哲学素养还带有统摄的性质，能够把其他各种素养统一、贯通起来，使之形成一个有机整体。

要求学生进行解释说明。这两种考试方式都是比较自由、开放的，并无标准的答案。我认为，这样的考试对于真正培养和训练人的哲学思维能力是大有帮助的。概言之，哲学思维说到底就是一种批判的和创造性的思维，而这样的思维只有通过批判的和创造性的阅读与训练才能得以提高。

如何理解哲学的沉思

学生： 如何理解哲学的沉思？

老师： “沉思”这个词有三层意思。第一层有深层思考之意，即对事物的内在本质进行深层次的认识；第二层有沉静下来之意，即对某一个问题进行专心致志的思索；第三层有对社会生活中某一个具体问题进行哲学探讨之意，我们往往把它叫作哲学的沉思。

我们打开网络，关于哲学的沉思的文章比较多。比如说，关于对“以人为本”问题的哲学沉思、对改革的哲学沉思、对现代化的哲学沉思、对爱情的哲学沉思、对家庭的哲学沉思……对日常生活中任何一个细微的问题，我们都可以拿来对它进行哲学的沉思。这里所讲的哲学的沉思，就是对事物进行形而上的、本体的和哲学的思考。

那么，哲学的沉思究竟是什么意思呢？我认为，严格地讲，所谓哲学的沉思就是指反思、反省、自思和自省的意思。

具体地说，哲学的反思有两层含义：第一层含义就是对外在的事物进行反思，这种反思实际上就是要深入探讨事物现象、表象、假象后面的真相，绕到现象的背后去认识它的本质，这种反思就是我们通常所说的“透过现象看本质”。可见，这样的反思是一种间接的认识。

第二层含义是反过来对自身的思想进行思考，即反身而思或对思之思。例如，此时此刻，我能意识我的存在及其思维活动，并对其进行思考。而且，我能够对思之思进行再思，如此无限推演。这是一种十分奇妙的事情，这正是人的思想的伟大之处。

由此可见，作为反思的沉思具有向内和向外的双重向度，而这两个向度又是有机统一的。当我反身向内的时候，思维着的主体总是处在向外的现实反思活动之中；反之，当我在外在性的活动中对事物进行反思的时候，思维着的主体又能清晰地意识到这种存在并对其展开自身反思。

哲学的反思有其显著性的特点，这个特点就是沉思。沉思也是哲学研究的基本方法。

具体地说，哲学沉思有三个要点：

其一，需要安静、沉静。从事哲学思考的人一定要从嘈杂的环境中抽身出来，排除内心的杂念，沉下心来研究哲学问题。按照佛教禅宗的说法，就是要达到一个“静思静虑”的思想境界。按照老子的说法，就是要做到“虚一而静”，即高度专注的程度。这是哲学沉思的前提条件。

其二，需要沉入、深入。哲学是一种寻根究底的学问，必须对事物进行深层探究，直达底蕴而后止。黑格尔曾以

哲学家如果没有沉思的境界或沉思的精神，是不可能进入那个思辨的王国，把握本体的奥秘，从而享受形而上的快乐的。

"剥葱"为例，说明认识就好比是剥葱，一层一层地剥，剥到最后才能洞见事物本质的奥秘。

其三，需要沉思、再沉思。哲学的沉思是一个无限的过程，这是哲学与其他具体科学所不同的地方。其他具体科学研究的是知识性的问题，这些问题一旦被人们所解决，也就不成为难题了。比如说，几何学里面的一些定律，当我们发现三内角之和等于180度的时候，这个问题也就无需再探讨了。但是，哲学的问题就不是这样的。因为哲学所关注的问题处于无穷的变化过程之中。一个同样基质的元素，时而为水，时而为云，时而为土，原始的统一不断分化和聚合，永不停歇。世界上没有什么东西的性质是不动和不变的，因而对于事物的认识永无完结之时。同时，即使对于处在相对不变的时空中的事物本质的认识，也是永无止境的。从辩证的观点来看，人们永远难以穷尽对一粒沙子的认识。因此，凡属真正的哲学的问题，是不可能一劳永逸地得到所谓终极答案的。哲学的研究就是一个愈思愈深、愈思愈新的永恒过程，它所追求的就是这种探索的过程，而不是最终解答。这或许就是哲学的魅力之所在吧。

正因为如此，哲学家往往被称为沉思的思想家或沉思的探索者。据说，苏格拉底有一天为了探讨某一个哲学问题，竟然在雪地里站了三天三夜。当然，不需要每一个哲学家都像苏格拉底那样痴狂，但是对于从事哲学研究的人，一定要有沉思的精神，既要沉得下来，又要沉得进去。凡立志从事哲学研究的人，必须要有甘于寂寞的精神，"板凳甘坐十年冷，文章不写半句空"，哲学家尤其需要这种精神。

外面的世界很精彩。哲学家不是不食人间烟火的人，那种对外在的精彩世界不屑一顾的态度也是不正常的。但是，对于从事哲学研究的人来说，一定要从纷纷扰扰的外在世界中抽离出来，进入到自己的书房里面，静心地对哲学问题进行深入的思考。哲学家如果没有这种沉思的境界或沉思的精神，是不可能进入那个思辨的王国，把握本体的奥秘，从而享受形而上的快乐的。

如何理解哲学的探索性

学生： 老师，如何理解哲学的探索性？

老师： 哲学从本质上讲就是一门探索的学问，它彻头彻尾、自始至终就是进行探索，除了探索就是探索。探索既是它的起点又是它的终点，既是它的手段又是它的目的，所以说探索性是哲学一个最为显著的特点。

首先，哲学所提出的问题具有永恒探索的性质。一般的科学包括自然科学和社会科学无疑都具有探索性，可以说没有探索性的科学是不存在的。马克思曾经讲过："如果事物的表现形式和事物的本质会直接合而为一，一切科学都成为多余的了。"① 正因为事物的现象形态与其内在本质存在着矛盾，所以需要进行科学的探索。但是，具体科学所提出的问题一般都具有确定的答案，特别是自然科学，它所探索的问题都

① 《马克思恩格斯全集》第25卷，人民出版社1999年版，第923页。

能够进行实证。当一个问题被证实后，这个问题就解决了，于是，作为问题的问题就不存在了。然而，唯有哲学所提出的问题是不可能得出确定答案的，因为哲学问题都具有永恒探索的性质，那些不具备这一特性的问题是不能纳入到哲学领域之中的。

那么，为什么哲学要探索那些得不出确定答案且具有永恒探索性质的问题呢？从根本上讲，这是由哲学的本性决定的。因为哲学要对问题进行寻根问底的探究，而且无穷地探索下去，直至终致而后止。但实际上，问题的终极根源不是一个定在，它存在于无穷级的本质系列之中。因此，终极根源只是引导我们进行不断探索的终极目标，人们对其探索和追问是永无止境的，任何时候都不可能一劳永逸地获得一个终极解答。这正如我们对绝对真理的追求一样。无疑，我们追求真理，而且希望获得绝对真理。但绝对真理又不是现成的，正如毛泽东所说，“无数相对的真理之总和，就是绝对的真理。”① 因此，在人类无限的认识过程中，我们是不可能一劳永逸地获得绝对真理的，我们至多只能从相对真理中获取绝对真理的一些片断或颗粒。然而，我们却要永无止境和不甘失败地去探索这个绝对真理，我们不会因为一时得不到这个绝对真理就放弃对其的追求。所以，当哲学向我们提出一个问题时，它就预先决定了其不可能获得终极解答而只能进行永恒探索的命运。

其次，哲学所采用的研究方式就是进行无穷的追索。进

---

① 《毛泽东著作选读》上册，人民出版社 1986 年版，第 135 页。

行永无止境的无穷追问和探索既是哲学的研究方式，实际上也是哲学研究的最终目的。其他具体科学在进行问题探索的时候，会运用实证的方法和手段来寻求对问题的解答，而哲学没有这样的手段。黑格尔曾经说过，哲学是不可能用数学这样的实证方式来进行研究的。诚然，哲学的研究也离不开生活实践，它也会运用经验观察的方法、社会考察和调查的方法。但是，这些只能作为其研究的素材和基础，在这一过程中，这些方法只具有辅助的性质。哲学研究最根本的方式和方法还是运用抽象思辨和逻辑推演对问题进行不断的追问和探索，在追问和探索中不断地加以推进和深化。具体地说，就是在原来的老问题上发现新问题、提出新问题，在别人提出的问题之上又试图从新的角度提出更新的问题。以本体论问题为例，在古代，无论中西方的哲学家大多把万物的本体归结为某一种或几种具体的物质，还有一些哲学家则将其归结为“理念”或“道”。到了近现代，哲学家们在扬弃古代本体论的基础上构建了辩证法的理论体系，并分化出不同的辩证法形态。即使到了当代，本体论问题尽管受到了来自当代科学主义潮流和人本主义潮流的双重夹击，但它并没有消失于无，而是以不同的形式存在下来，并在曲折中继续艰难地向前探索。由此可见，哲学研究所采用的方式和方法就是不断地进行追问和探索，问中有问，疑中见疑，步步递进，永无穷竭。

最后，哲学研究所得出的结论不是解题而是探索。诚然，哲学在提出问题之后也会解题，但是哲学的解题跟其他具体科学不一样。具体科学会以解决问题的方式来解题，而哲学

哲学从本质上讲乃是一门探索的学问，它彻头彻尾、自始至终就是进行探索，除了探索就是探索。探索既是它的起点又是它的终点，既是它的手段又是它的目的。

是以提出新问题的方式来解题。所谓以提出新问题的形式来解题，即是在原来问题的基础上提出更深层次的问题，以此来引导人们对问题进行更加深入的思考；然后，在新的问题的基础上，又会提出更新的问题，如此循环往复，以至无穷。因此，可以说，哲学永远在路上，准确地说，哲学永远在半路上，起点是探索，终点还是探索，一个无穷无尽的探索。

总之，提出探索，追求探索，不懈探索，无穷探索，这就是哲学的本性，也是哲学的命运。

哲学如何提高人的抽象思维能力

学生： 哲学是如何提高人的抽象思维能力的？

老师： 恩格斯在《自然辩证法》中讲道："理论思维仅仅是一种天赋的能力。这种能力必须加以发展和锻炼，而为了进行这种锻炼，除了学习以往的哲学，直到现在还没有别的手段。"① 恩格斯在这里所说的理论思维，实际上就是人的抽象思维能力。

那么，我们不禁要问，哲学究竟是如何来提高人的抽象思维能力的呢？我认为，通过哲学来提高人的抽象思维能力的方法大致有以下几种：

第一，哲学阐明了抽象的本质内涵及其基本方法。我们经常说"抽象"这个词，但也许很少有人懂得"抽象"的本质内涵。什么是抽象？记得我读中学的时候，一位毕业于中

---

① 恩格斯：《自然辩证法》，人民出版社 1971 年版，第 27 页。

国人民大学哲学系的政治课老师曾经说过，抽象就是抽取现象中的共同点。一般来说，这个定义是对的。但是，它比较简单。具体来说，所谓抽象，就是抽取同一类现象当中的本质的共同点，舍弃其非本质的属性。例如，狗就是一个抽象名词，它不是白狗也不是黑狗，而是天底下所有不同的狗的一个抽象、一个总和。所以，狗这个词具有抽象性。那么，狗这个词抽象的是什么呢？它抽象的是狗的本质的共同点。狗是人类驯养的富有情感的动物，是人类的好朋友。这些是狗的本质的共同点。而狗的颜色、品种、大小等，就是它的非本质的属性。我们怎样去认识事物的本质属性呢？事物的本质属性，我们既看不见也摸不着，只能抽取这一类现象的一个共相，舍弃其非共相的东西，从而抓住事物的本质。例如，我们考察一个人的本质，实际上就是考察他如何为人处世的种种行为活动，从中抽取其本质的共同点，舍弃一些偶然的、个别的、非本质的东西。如果这个人是一个善良的人，他的为人处世就会处处表现其善良的一面，这就是其本质的共同点。如果只做了一两件好事，那就难以说明其善良。一个善良的人，会经常做好事，将好事做到底。但是，任何人都不可能是完美无缺的，好人偶尔也会有犯错误的时候。在这里，我们可以把他的那些小错误排除掉，主要看他的本质共同点，这样就抓住了他的本质属性。因此，把握事物的本质属性，实际上就是抽取同一类现象当中的共相，即本质的共同点。由于哲学对抽象的本质内涵进行了具体阐述，这就为我们如何去认识事物的本质提供了一条正确的路径。

第二，哲学提供了正确认识事物本质的科学方法。抽象思维的目的就是认识事物的本质，所谓提高抽象思维的能力实际上就是认识事物本质的能力。要提高这种能力，关键是把握认识的规律和认识的方法。哲学有一个重要的研究领域，即认识论。认识论就是关于人类通过什么样的路径、方法去把握真理的理论。唯物主义的反映论告诉我们，认识事物要经过感性阶段，然后上升到理性阶段，再由理性阶段转化为实践。从认识和实践关系来看，认识事物的本质，要经过从实践到认识再到实践这样一个循环往复的过程。首先要通过实践，与所认识的事物相接触，掌握关于这个事物的各种各样的感性材料，待这种认识达到一定阶段之后，即在充分掌握了丰富的感性材料之后，人的认识就会发生一个质的飞跃，由感性阶段进入到理性阶段。当然，由感性阶段进入到理性阶段也不是自发的，需要经过人类大脑的加工改造，即进行去粗取精、去伪存真、由表及里、由此及彼的制作改造。只有这样，才可能实现由感性认识到理性认识的飞跃。这是唯物主义的反映论。那些强调主体建构的唯心主义流派，往往比较重视认识过程中主体的能动作用。它们主张在认识的过程中不仅要考察认识的客体，认识客体的状况，而且要考察认识的主体，认识主体自身的状况。他们认为，人们对客体的认识都打上了主体的烙印，主客体已经不可分离了。而且，人的认识能力是有限的，人的任何认识都具有相对性，我们不可能一劳永逸地去穷尽对于事物本质的认识，所谓纯而又纯的本质是我们永远无法认识到的。从贝克莱到马赫，他们都提出了认识的这种主体性和相对性问题。贝克莱提出了“存在就是被感知”的命题，马赫提出了“物是感觉的复合”

的命题。这两个命题都揭示了主体对于客体认识的一种主观制约性和相对性的一面，应该有它的合理性。马克思的“实践唯物主义”就揭示了实践在认识中的作用，阐明了人的认识不是凭空产生的，而是在实践中产生的观点。这个观点与中国的行先知后、知行合一的理论有一定的契合之处。知行是相合的，在行中知，在知中行。哲学史上的这些各种各样的理论，实际上向我们指明了如何通过事物的现象把握其本质的研究方法。

第三，哲学揭示了事物本质的辩证性质。事物的本质实际上都是矛盾的。我们说，万事万物都是矛盾的，但这主要是指事物本质的矛盾，而不是表象的矛盾。本质本身就是一个矛盾。例如，人的本质就是一个矛盾。世界上没有纯善之人，也没有纯恶之人。从人格上讲，人的本质就是本我、自我、超我的矛盾；从人性上讲，人的本质就是性善和性恶的关系；从人的本质属性上讲，人的本质就是自然属性和社会属性的矛盾。从德与才的关系来讲，人的本质是德与才的矛盾。“金无足赤，人无完人。”在现实生活中的人，一个人的德与才不可能完全同步发展，它们之间总是存在着矛盾，或者德多才少，或者才多德少，二者不可能绝对平衡。如果我们不懂得事物本质的这种辩证性质，一定要去认识一个纯而又纯的无矛盾的事物，那是不可能的。这种无矛盾的观点，就会把人的认识引导到一条简单的、僵死的、错误的道路上去。

第四，哲学启示我们还要用多维的观点去认识事物的本质。我在前面已经提到，事物的本质是多样的、多方面的。

这就要求我们必须从多个角度，如左面右面、上面下面、前面后面等几乎无限多个角度去认识事物的本质。列宁说："人的思想由现象到本质，由所谓初级的本质到二级的本质，这样不断地加深下去，以至于无穷。"① 对于这句话我们要辩证地理解。我们不能直线型地去理解事物一级本质、二级本质、三级本质、四级本质之间的关系。当我们在事物一级本质的基础上去认识其二级本质时，并非一定沿着线性方向往前递进，而是可能从另外一个角度去认识事物的本质。这就告诉我们，在探索事物本质的时候，要善于运用反向思维、发散性思维、求异性思维，也就是说，要从不同于传统的维度和观点去认识事物的本质。如此，我们才有可能发现事物新的本质属性。例如，对于人的本质，我们就可以从几乎无限多个角度去认识，而不能仅仅局限于一个角度。从经济学的角度，我们可以把人看成经济人；从文化学的角度，我们可以把人看成文化人；从理性的角度，我们可以把人看成理性人；从非理的角度，我们可以把人看成非理性人；从类本质的角度，我们可以把人看成自由的有意识的人，如此等等。

第五，哲学的研究内容最能磨炼人的抽象思维能力。哲学本身具有相对稳定的研究领域，如本体论、认识论、历史观、人本论、伦理哲学、宗教哲学，等等。在这些相对固定的领域，哲学实际上研究的都是非常抽象的问题，也就是最具普遍性的问题。例如，在社会历史领域，哲学不仅要研究历史的主体和客体及其发展规律，而且要研究自由、平等、

① ［苏］列宁：《哲学笔记》，人民出版社 1974 年版，第 278 页。

公平、正义等问题。这些都是一些抽象程度最高的问题，我们对此展开研究，无疑能够极大地锻炼人的抽象思维能力。因为当我们研究最抽象问题的时候，必须充分调动和运用抽象思维，正是在这种抽象思维活动中，其抽象思维能力不知不觉地得到了提高。离开了抽象思维活动，是无法提高抽象思维能力的。

哲学就是通过以上这些路径来训练和提高人的抽象思维能力的。人的抽象思维能力是需要天赋的。但是，通过后天的学习和研究，却可以有效地培养和提升人的抽象思维能力。

恩格斯在《自然辩证法》中讲道："理论思维仅仅是一种天赋的能力。这种能力必须加以发展和锻炼，而为了进行这种锻炼，除了学习以往的哲学，直到现在还没有别的手段。"① 恩格斯在这里所说的理论思维，实际上就是人的抽象思维能力。

① 恩格斯：《自然辩证法》，人民出版社1971年版，第27页。

什么样的人才称得上是一个时代的思想家

学生： 左老师，什么样的人才称得上一个时代的思想家呢？

老师： 谈到时代的思想家，我想先要澄清几个概念，即思想家、学问家和理论家。这三个概念之间实际上是有区别的。

首先，思想家不一定是学问家，学问家不一定是思想家。所谓学问家，就是在某一专业里面，有造诣、有建树的学者。比如王国维、钱锺书等，可以称得上是学问家。其次，思想家也不一定是理论家，理论家也不一定是思想家。所谓理论家，包括哲学家、社会学家、政治学家、经济学家，等等。这些理论家往往在自己所研究的领域里，作出了重大的理论贡献，并且构建了自己独特的理论体系。只有这样的学者，我们才能称之为理论家。但是，理论家不一定是思想家。康德、黑格尔无疑可以称得上是他们那个时代伟大的哲学家，但由于其思想的局限性，这就使他们不可能成为那个时代的思想家。同时，思想家也不一定是理论家。因为思想家也不一定建构了一个完整的理论体系。没有一个完整的理论体系作为支撑，思想家成不了理论家。

那么，什么是思想家呢？如果要给思想家下一个定义的话，我认为，所谓时代的思想家，是指把捉住了时代的根本问题，切中了时代的基本命脉，指明了时代发展的未来方向的人。具体来说，至少要满足以下四个方面的条件：

第一，一个时代的思想家，必然眼光犀利，能够把捉住时代的根本问题。每一个时代都充满着问题。但是，在各式各样、林林总总的问题和矛盾中，思想家总能拨开重重的迷雾，透过纷繁复杂的历史表象，把捉住蕴含其中的时代的根本问题。所谓时代的根本问题，就是对时代的其他问题起支配和决定作用的问题。在我们的这个时代里，可以说是问题成堆，有些社会问题甚至十分严重，如腐败问题、分配不公问题、“三农”问题、社会治安问题、食品安全问题，等等，我认为，贯穿其中的一个最根本的问题，就是邓小平在改革开放之初所提出的“什么是社会主义，怎样建设社会主义”的问题。提出这个问题，实际上就是要对以往的社会主义概念进行一个总体反思。实践证明，正是对这个问题的反思，决定着我国改革和现代化建设的进程。

正如普列汉诺夫所指出的，一个时代的伟大思想家总是站得高、看得远，能够对时代的根本问题进行敏锐的考察和深入的分析，依靠其深刻的洞察力和科学的预见性，对其作出合理的判断，提出自己富有洞见力的思想，并在此基础上对症下药，提出解决时代根本问题的出路，从而为时代的发展指明方向。

第二，一个时代的思想家，必然能够切中时代的命脉，揭明时代发展的必然规律。无论任何一个时代，都有其需要解决的根本任务，而这个时代的根本任务又是由时代发展的规律来决定的。每一个时代要解决的任务很多，但其根本的任务是什么呢？要把握和解决每一个时代的根本任务，就必须深入揭示历史发展的必然规律。必然规律也是隐含在历史的表象之中的，它超出了常人的认知范围。在当今中国应不应该实行市场经济？这个问题在 20 世纪 90 年代以前是被否定的，认为搞市场经济就是搞资本主义，社会主义等于计划经济，资本主义等于市场经济。这曾被认为是至当不易的定律，无人敢怀疑它，无人敢超越它。但实际上，计划经济在实践中是行不通的。计划经济的构想虽然美好，但它违背了经济社会发展的客观规律。很遗憾的是，在 20 世纪 90 年代以前，我们从来没有从经济社会发展的客观规律来认识这个问题。当在经济社会发展中遇到挫折的时候，我们从来没有去探寻经济发展的客观规律，而是检讨自己是不是违背了本本上的思想。令人欣慰的是，当时我国的理论界、思想界、哲学界有一批人已经开始思考经济社会发展的客观规律了。例如孙冶方、薛暮桥等人已经开始思考这个问题了。正是在此基础上，邓小平在 1992 年发表了著名的南方谈话，正式提出了建立和发展社会主义市场经济体制。在当时的时代背景之下，邓小平的这个思想是超前的，是振聋发聩的。由于其切中了时代的命脉，符合经济社会发展的客观规律，因而终究能够冲破重重的阻力，使社会主义市场经济体制在我国得以建立

思想家，是指把捉住了时代的根本问题，切中了时代的基本命脉，指明了时代发展的未来方向的人。他能构建伟大的、属于自己的思想。

和发展。

第三，一个时代的思想家，必然要对自己的思想进行理论的论证。我在前面说过，思想家不一定是理论家、学问家；思想家往往不能像康德、黑格尔那样，建立一个完整、严密的理论体系。但是，作为一个思想家，应该而且能够对自己的思想进行一定的理论论证，提出支撑自己思想的基本理论构架。我认为，只有这样的人，才可以称得上是一个时代的思想家。

第四，一个时代的思想家，必然是那个时代的先知先觉者。一个时代的思想家，因为其站得高、看得远、眼光犀利，无疑是他那个时代的先知先觉者。但这并没有什么神秘性，绝不能将其神圣化。与一般人相比，他只是先知先觉者而已。这样的先知先觉者，不是从天而降的，而是在历经磨难、艰苦探索的基础上形成的。任何一个思想家，总是属于他的那个时代的。因此，他也不可避免地带有那个时代的局限性。一般来说，当属于思想家的那个时代结束后，思想家也就完成了自己的历史使命。

我们现在所处的时代，是一个历史大变革的时代。正像恩格斯所说的，这“是一个需要巨人并且产生了巨人”① 的时代。我认为，邓小平可以当之无愧地被称为我们这个时代的思想家。时代将呼唤更多的思想家的产生。当然，一个时代的思想家的产生，需要有主客观的环境条件。我相信，随着改革的深入，这些条件将日益成熟，为一批思想家的产生创造更好的成长环境。

---

①《马克思恩格斯选集》第4卷，人民出版社1995年版，第262页。

为什么说有思想的人学了哲学会更有思想

学生： 左老师，为什么说有思想的人学了哲学会更有思想呢？

老师： 我在前面说过，学了哲学的人不一定有思想，不学哲学的人不一定没有思想，有思想的人学了哲学则更有思想。今天我就专门讲一讲为什么有思想的人学了哲学会更有思想。这个命题与前面两个命题是联系在一起的。哲学作为科学庙堂里的至圣神，它只眷顾有思想的头脑。一个没有思想的人、一个没有悟性的人是学不好哲学的。目前我们培养了很多哲学专业的大学生、硕士生、博士生，出了很多哲学教授，实事求是地说、客观地看，绝大多数是不宜学哲学的，一是因为他们没有学习哲学的兴趣，二是因为他们缺乏哲学方面的悟性。大学哲学系里所招收的学生绝大部分第一志愿报的不是哲学专业，都是调剂过来的。很多人从事哲学教育和研究都不是出自对哲学的热爱，而是为了稻粱谋、为了生活计。可见，有思想的人、有悟性的人才适宜学哲学。这些人学了哲学后便会提高自己的思维能力，进而变得更有思想，甚至有可能成为哲学家。

至于为什么说有思想的人学了哲学会更有思想？有思想的人本身具有较高的悟性，对一些问题能够发表自己的独到见解，即使没有学习哲学，他们仍然是一个相当有头脑和智慧的人。他们一旦接受了哲学的专门训练、经受了哲学的系统教育之后，一定能够在思想上产生质的飞跃，从而成为一个有很高思维能力的人。这是由哲学的研究对象来决定的。哲学的研究对象是关于宇宙人生的本质规律性的认识。对于宇宙人生这样一些具有无限性、终极性的问题，我们用眼睛看不到，用手摸不到，用耳朵听不到，用鼻子闻不到。无限的宇宙我们不可能尽收眼底；人的本质、人的心灵的美丑，我们也看不见、摸不到，只能用思想去把握。所以，哲学研究这些问题运用的是思想，训练的是我们的思维方法和思维能力，它所探讨的问题只能用我们的思想去把握。正如我经常所说的：哲学就是用思想的眼睛去观照一个只能用思想才能把握的思想的世界。这个思想的世界实际上是一个本质的世界，因为这个本质的世界只能用思想才可以把握，只能用概念才可以表征。正是在这样的意义上，我们说它也是一个思想的世界。

同时，哲学还要把思想本身作为其研究对象。如前所述，我们研究宇宙人生问题只能用思想去把握，而且只有依靠正确的思想方法才有可能去把握。因此，哲学研究的另外一个任务就是反过来去认识思想本身，包括认识思想方法论、思

哲学，是用思想的眼睛去观照一个只能用思想才能把握的思想的世界。有思想的人，哲学会将其思想提升至更高的境界。

维的本质、特点，认识问题的阶段性、过程以及认识的本质等问题。这些都是哲学的一种反身研究。正如古代的一位圣者德谟克利特所说的，哲学可以教给我们三种东西：一是善于思考，二是善于说话，三是善于行动。而我认为哲学所结出的这三个“果实”中最重要的就是善于思考的果实。只有善于思考，才能善于说话和善于行动。说话也不过是表述一种内在的思想而已，行动也只不过是思想的外在实践而已。正因为如此，我以为，有思想的人学了哲学则更有思想。当然，这并不意味着没有思想的人、没有悟性的人就与哲学完全无缘，完全没有学习哲学的必要，我的意思是指悟性不高、对哲学不感兴趣、不热爱的人成为哲学家的几率很低，但是这些人还有必要学习哲学，毕竟懂得哲学有助于提高他们的思想水平和思维能力，尽管他们成为哲学家的可能性不大，但是好处还是大大的。

为什么学了哲学的人不一定有思想

学生： 老师，为什么学了哲学的人不一定有思想？

老师： 我经常讲，学了哲学的人不一定有思想，没有学哲学的人不一定没有思想，有思想的人学了哲学则更有思想。

对于这个问题我可以打一个比方。这就好比一个没有学过语法修辞的人不一定写不出好的文章，学了语法修辞的人不一定能写得出好的文章，能写出好文章的人学了语法修辞会写出更好的文章。还可以打个比方，没有学五线谱的人不一定唱不好歌，学了五线谱的人不一定能唱好歌，会唱歌的人学了五线谱就能更会唱歌。

今天我主要讲一讲第一句话：为什么学了哲学的人不一定有思想？

在现实生活中，我们看到，许多学了哲学的人，甚至哲学教授，其实是没有思想的。我们对此已经见怪不怪了。哲学本来是研究思想的，是需要思想才能进行研究的，那么，为什么有些学了哲学的人却没有思想呢？个中原因，除了社会历史的因素外，其主要的原因有如下几点：

第一，是否对哲学感兴趣。兴趣是最好的老师。一个学哲学的人，如果对哲学不感兴趣，他是学不进去的，也是学不好的。一个对音乐不感兴趣的人，不可能唱好歌。一个对文字不感兴趣的人，不可能写出好文章。我认识一个数学老师，他说他对数学特别感兴趣，但看到哲学却感到头疼。如果我们强行要这位老师改行来研究哲学，那就等于精神迫害。

我这个人虽然愚笨，但从小就对哲学感兴趣，至今痴心不改。我 1978 年以全县总分第一名考入武汉大学时，第一志愿报的就是哲学。我上大学前，就自学了不少哲学书籍包括哲学经典，对哲学的热爱几乎到了痴迷的程度。我 1985 年研究生毕业至 2002 年底，一直在湖北省委党校哲学教研部任教。记得 1994 年的时候，校领导考虑到刚建立起来的行政管理教研部急需调入人才，教育长和校长先后出面找我谈话，动员我去行政管理教研部，改行搞行政管理。当时，行政管理专业是热门，哲学是冷门，很多搞哲学的老师求之不得。校领导以为我终究会同意的，竟然没有经过我的同意就下了调令。我赶忙找到和我关系好的一位管理组织的副校长，向他坦诚地说：如果你们强行这样做，会把人逼疯的。我把话说到这个份上，校领导才改变了调动的决定。假如校领导坚持己见，那么对于我来说，也无异于精神谋杀。

有人说过：努力不如兴趣，兴趣不如爱好。我再加上一句：爱好不如信仰。如果一个人对自己的职业不仅感兴趣，而且爱好；不仅爱好，而且视为信仰，那么，他就一定能做

学哲学的人，仍然可能陷入思想的枯井。

好。这是我的经验之谈，也是我的人生体悟。

第二，是否对哲学具有较高的领悟能力。当我们学一个东西的时候，有兴趣的人不一定能达到很高的境界，这是因为除了兴趣之外，还要有良好的领悟能力。所谓领悟能力，就是感知问题、理解问题、分析问题、解决问题的能力。领悟能力，也就是我们平常所说的悟性。一个人悟性的高低，既有先天的因素，也有后天的原因。而且悟性是具有一定的指向和特性的。一个人在音乐上有很高的悟性，但在哲学上不一定有很高的悟性；反之亦然。所以，要学好哲学，除了要有深厚的兴趣之外，还要有较高的悟性。一个对哲学思辨没有较高悟性的人，甚至难以看懂哲学原著，这样的人怎么能学好哲学呢？

第三，是否勤于自我学习和反思。一个人，除了向自然界、社会、他人和书本学习之外，还要进行自我学习。所谓自我学习，就是自己对一个问题进行反复的思考、反复的琢磨，对自我的社会实践活动的成功和失败的经验教训进行总结和反思，这些都是需要自我学习的。不断自我学习和思考就是一个超越自我的过程。哲学本身就是一种思，是在思中思的一种学问。因此，不断地思考，也就是在思考中不断地思考，在思考的思考中进行思考，在思考的思考中去提高思考的水平和思维的能力。

第四，是否具有批判性的思维。马克思认为，辩证法不崇拜任何东西，在其本质上，它是批判的、革命的。哲学这门学科与其他学科相比，其显著的一个特性就是它的这种批判性。这里的“批判”（criticism），是一个中性词，并不是一个政治概念。所谓批判，就是破除传统的习惯性思维定势，提出具有独创性的新观点和新见解。因此，从根本上讲中，批判就是反思，就是创造，就是超越，就是求异性的非常规思维，就是想人之所未想，言人之所未言。那种实证的非批判性思维、经验的常规性思维、依附从众的教条式思维，都是背离哲学本性的。具有这种思维方式的人，即使专门从事哲学研究且天资良好，也不可能真正进入哲学的殿堂。

为什么没有学习过哲学的人不一定没有思想

学生： 老师，为什么没有学习过哲学的人，不一定没有思想？

老师： 黑格尔曾经讲过："人乃是能思维的动物，天生的形而上学家。"① 这就是说每个人都是天生的哲学家。恩格斯在《自然辩证法》中也谈道："理论思维无非是才能方面的一种生来就有的素质。"② 他们提出的这些命题，在一定意义上都说明了一个没有学习过哲学的人，不一定没有思想。甚至可以说，有个别特别优秀的人通过自我学习是能够成长为哲学家的。

人天生是一个哲学家，或者说人天生就是一个形而上学

---

① ［德］黑格尔：《小逻辑》，商务印书馆1980年版，第216页。

② 《马克思恩格斯选集》第4卷，人民出版社1995年版，第284页。

家，这个命题的意思是说人具有成为哲学家的潜在可能性。在实际生活中，我们看到一些十分普通的的人，对于宇宙人生多多少少都有他自己的一些体悟，都会自发地提出一些对于世界观、人生观和价值观的观点。但是，这些观点往往呈现出片断的、零散的、不自觉的状态。

我小的时候生活在农村，经常与农民打交道，我的父亲虽然当过党支部书记，但他也没有读过多少书。我发现，包括我父亲在内的这些农民们，在生活实践中都能提出一些富有哲理的观点。例如，他们讲到“好人苦中出”，一个好人是从艰苦磨难中走出来的；“吃得苦中苦，方为人上人”，这些话通常是老人们用来教育孩子的，我的父亲也向我讲过这样的话。还有“娇子不孝”“棍棒底下出孝儿”，等等。当然，现在不能提倡对子女打骂式的教育方式，但从对子女进行严格管教的意义上理解，是有其合理性的。

记得有一次，我到山里的亲戚家作客。亲戚家住在海拔1000多米的山上，登到山顶后我突发感慨：“这地方的视野真开阔啊！”我亲戚听到我的话后，竟然说了一句很有哲理的话：“不登高山，不显平地。”这句话实际上说明了事物之间的差异是通过相互比较而得出的，它既说明了比较的重要性，同时也揭示了人要登高才能望远的道理。

老百姓在生活实践中得出的诸如此类的具有哲理性的名谚俚语，尽管其不成体系，但却具有独特的生活智慧和自然的审美感。从这样的意义上说，没有学过哲学的人，甚至没有进过学校门的人，不等于没有哲学思维，也不等于提不出哲学观点，只是其不可能建构一个完善的哲学体系。所以说，只要是一个健全的人，它在生活实践中多多少少都会提出一些哲学观点，得出一些富有哲理的体悟。相比之下，狗虽然很聪明伶俐，但是它是不可能成为哲学家的，因为它没有哲学思维，不可能去思考问题。

在历史上，我们看到许许多多的思想家，他们并没有专门学习过哲学。例如孔子、老子等。孔子三岁丧父，十七岁丧母，尽管他的父亲是一位卿大夫，但家道中落、贫困潦倒。孔子的童年和少年是在“贫且贱”的生活中度过的，根本没有机会接受系统的教育，完全靠他自学成才。正是通过自学使其卓然成为一代伟大的思想家、哲学家。

老子是周朝的藏书史（管理图书的官吏），但是他也没有接受过系统的哲学教育。通过自我体悟，他独创性地建构了一个以“道”为本体的道学体系，写出了《道德经》这样的不朽之作。

古希腊的一些哲学家也没有受过多少专门的哲学教育。像泰勒斯、苏格拉底等，他们都是从生活实践当中体悟智慧、感悟人生的。这样的例子在古今中外不胜枚举。当然，不可能每个人都像泰勒斯、苏格拉底、孔子和老子一样，通过自学而成为一代哲学大家，这样的天才毕竟是少数。正像柏拉图曾经所说的，尽管每个人都具有成为哲学家的潜质，但不可能都成为真正的哲学家，毕竟只有极少数出类拔萃的天才人物，才可能通过这条道路成长为哲学家。

那么，为什么一个没有专门接受过哲学教育的人，不是学哲学出身的人，不一定没有思想呢？这个原因是什么？我想从以下几个方面来找寻答案：

第一，理论的抽象思维是人的一种天赋。所谓抽象思维，就是从细小的、具体的、感性的事物当中去把握事物普遍的本质规律性，就是抽取事物当中的本质共同点，舍弃其非本质的属性。这种思维能力是每个人都具有的，即使其没有进过学校大门。正因为人具有这种抽象思维的能力，所以在生活实践中能够得出一些零散的、个别的哲学观点。

第二，在生活实践中，我们看到那些没有学过哲学的人也非常有思想。这些人往往都是喜欢思考的人、善于总结的人。《周易》曾讲到，古人们在仰观天文、俯察地理、近取诸身、远取诸物这些感性经验当中，得出了阴阳之道的哲学观。可见，阴阳之道离人们的生活并不遥远，一般的民众在生活实践中都能体悟得到。

第三，这些没有学过哲学但却有思想的人往往具有一定的文化基础，至少能够识文断字、阅读书籍。通过阅读，他们能广泛地接受各种信息，其认知世界就会大大拓展，再加上其爱好学习和独立思考，在学习和思考中可以不断提升自己的思想水平，使其思维能力达到相当高的程度。

第四，这些没有学过哲学但却有思想的人往往是特别关心国家大事的人，头脑里面喜欢思考社会中重大的理论和实践问题，关心祖国的前途和人类的命运。我们国家具有爱国主义的传统，忧国忧民之士很多。在这些忧国忧民之士中，有相当一部分人文化水平并不高。我父亲只读了三年书，他老人家在世的时候就非常关心政治，常常和我讨论国家大事，一聊就是一个晚上。虽然他没有多少文化，但却忧国忧民，且有自己的看法。

当然，我们提出以上观点，不是要人们轻视哲学的作用，而恰恰是要说明学习哲学的重要性。一个人要真正成为哲学家，还是要经过哲学的专门训练，接受哲学的系统教育。每个人都具有成为哲学家的潜质，但要把这种潜质转变为现实，其根本路径还是要接受专门的学术训练，仅仅依靠自己在生活实践中的点滴体悟或者自我学习，显然是不够的。对于大多数人来说，只有通过系统的哲学学习，再加上自我体悟、勤于思考，才有可能成为一个真正的哲学家。

古希腊的一些哲学家也没有受过多少专门的哲学教育。像泰勒斯、苏格拉底等，但他们能从生活实践当中体悟智慧、感悟人生。

什么是哲学家的思维

学生： 什么是哲学家的思维？哲学家的思维有何独特之处？

老师： 概括起来，约有如下几个要点：

第一，哲学家具有儿童般的好奇心。人们常说，儿童很好奇。其实，哲学家也很好奇。他就像个儿童，对于这个世界，始终保持着儿童时期的好奇心。他总是睁着一双好奇的眼睛，打量着这个世界的事事物物。在智慧的道路上，他永远是一个充满好奇和诧异心理的儿童。

然而，哲学家的好奇和儿童的好奇又是有所不同的。儿童是对每一个新出现的事物好奇，而哲学家是对人们习以为常的事物感到好奇。在人们感到无奇的地方，他感到好奇。他能发现一般人所未意识到的事物的令人惊奇之处，在无奇处见奇，这正是哲学家的独特之处。

第二，哲学家具有强烈的怀疑精神。儿童的好奇仅仅是好奇，其好奇就停留在惊异上面，他只能渴望大人们给他一个正确的解答。而哲学家能将好奇转化为怀疑，从而提出一定的疑问，对其展开深入的探讨。哲学家是一个探索者，在他的头脑里总是充满着疑问。屈原的《天问》据说提出了171个问题，这还仅仅是哲学家头脑里的一部分问题。问题是无穷无尽的，可以说，每种事物中都蕴含着不为人所知的哲学问题，所谓“一花一世界，一叶一菩提”，指的就是这个意思。而且，问题中有问题，问题之问题中又有问题。因此，哲学家与众不同的是，能够在无疑处生疑，疑疑处再生疑，疑疑无尽，无尽疑疑。

第三，哲学家力图揭示“百姓日用而不知”中所蕴含的深刻哲理。《周传·系辞上》曰：“一阴一阳之谓道，继之者善也，成之者性也。仁者见之谓之仁，知者见谓之知，百姓日用而不知，故君子之道鲜矣!”这就是说，“一阴一阳就叫作道，按道行事的就是善的，据此而成功的就是合乎其本性的。仁者见道就将其说成仁，智者见道就将其说成智，百姓每天运用却不知道的奥秘，所以君子之道鲜有人知。”而哲学家的使命将“百姓日用而不知”的“道”显发出来，在寻常生活中凝练哲学的智慧，点燃智慧的火种，开启智慧的门户，提升智慧的眼界。

生活中处处有哲学，世界中处处有哲学。在哲学家的眼里，生活的世界就是哲学的世界。这个哲学的世界既藏于世界之中，又居于世界之上。所以，哲学的智慧既源于经验生活，又高于经验生活。

第四，哲学家天生就具有非常规性思维。他总是特立独行，善于打破世俗的传统，从一个谁也没有意识到的角度，提出新的思想和观点，以启迪人们的思维，拓展人们的视野。真正的哲学家绝不会简单地因袭前人，也绝不会盲目崇拜权威，他富于创造性思维，总能想人之所未想，发人之所未发。他是一个天生的批判者、思想者，以异于常人的思维而思维，以异于常规的思想而思想，这就是哲学思维的独特之处。

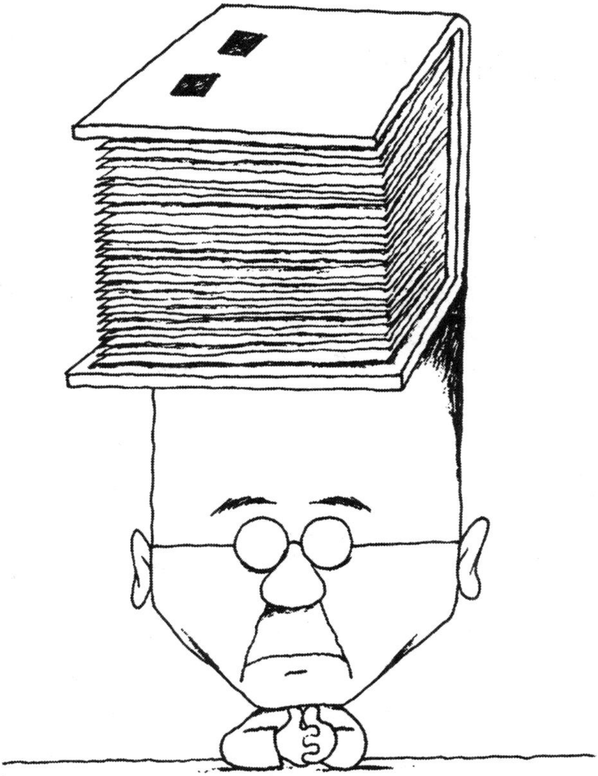

真正的哲学家绝不会简单地因袭前人，也绝不会盲目崇拜权威，他富于创造性思维，总能想人之未想，发人之所未发。他是一个天生的批判者、思想者，以异于常人的思维而思维，以异于常规的思想而思想，这就是哲学思维的独特之处。

哲学为何晦涩难懂

学生： 为什么哲学是晦涩难懂的？

老师： 从古至今不断有人发问，为什么哲学是晦涩难懂的？在古希腊时期，这个问题就被提出来了。据说，被列宁称为“辩证法的奠基人之一”的赫拉克利特，就被人们称为“晦涩的哲人”；黑格尔哲学则被马克思称为“神秘的思辨”；列宁在读了黑格尔的《逻辑学》之后，大发感慨，认为阅读黑格尔的《逻辑学》是引起头痛的最好办法。

现代很多哲学家的著作也很难懂，例如海德格尔、萨特、维特根斯坦的著作都是比较晦涩的。哲学的这种晦涩性好像成为哲学的特有色彩，使之具有几分神秘的性质。

那么，为什么哲学的著作读起来比较艰涩难懂呢？我想主要有这么几方面的原因：

第一，哲学所使用的概念就是比较晦涩的。哲学家所使用的这些概念，按照黑格尔的说法就是属于“纯概念”。所谓

“纯概念”，就是高度抽象的概念，它不是指具体的事物，故其本身就令人难以琢磨。老子曾经说过：“道可道，非常道”。（《道德经》第一章）这个意思就是说，作为宇宙大本大原的“道”，它本身是不能定义的，也不是指某一个具体的事物。如果把“道”界定为具体的事物，那就不是一般的“道”了。这就使“道”难以为一般人所理解。而且，哲学家所使用的这些抽象概念，往往是他们独创的，它不是老百姓日常所使用的语言。例如“道”，这个概念就是老子第一次提出来的。他曾这样描述“道”：“有物混成，先天地生。寂兮寥兮，独立而不改，周行而不殆。可以为天下母。吾不知其名，字子曰道。”（《道德经》第二十五章）由此可见，“道”就是老子第一次独创性地提出的抽象名词，它超出了日常语言的范围。

再如，当代科学哲学家库恩，他独创了一个概念叫作“范式”（paradigm），并且赋予“范式”以独特的含义。我们只有深入他的哲学著作中去，才能弄清楚它的本质含义。如果不是专门从事哲学研究的人，对于这个概念就会感到十分陌生，以至于无法理解。

除此之外，不同的哲学家在使用同一个概念的时候，其各自的意义又所有不同。例如“观念”这个词，在黑格尔与费尔巴哈和马克思的著作中，其含义是截然相反的。黑格尔把“观念”作为世界的创造主，视为整个世界的本源；而作为唯物主义者的费尔巴哈和马克思却把观念看作是物质的派生物。从这里可以看出，即使对于同一个概念，不同的哲学家往往有不同的解释。所以，人们在阅读不同哲学著作的时候，常常被其中的概念搞得晕头转向，如坠五里雾中。若不是专门从事哲学研究的人，是很难将其分辨清楚的。

第二，哲学所研究的对象是宇宙人生的问题。宇宙人生的问题都带有无限性、永恒性和终极性的性质，它属于无形无象的形而上的东西，不是一些具体的、感性的事物。哲学家对这些形而上的无形无象的东西进行研究，这是一种非常抽象的思维活动，其所使用的方法是逻辑的推演和思想的论证。问题的复杂性还在于，不同的哲学家对于同一个问题又有不同的看法，所谓“哲学无定论”也。当我们面对这样的问题时，我们究竟应该作出怎样的判断呢？如果我们选择赞成其中某一个哲学家的观点，而视别的哲学家的观点为异端，这就偏离了哲学的本质。实际上，我们要理解一个哲学观点，就需要对所有哲学家关于这个问题的看法进行比较研究，才能做出自己的正确判断。这对于非哲学专业的人来说，无疑就增加了理解的难度。

第三，哲学家的作品往往是晦涩难懂的。歌德曾经讲过：“理论是灰色的，生活之树常青。”黑格尔也讲过，哲学思想所栖息的是一个“阴影的世界”。诚然，一切思想归根结底都源于现实生活，但是要将其升华到哲学的境界，就必须对其进行高度的概括和总结，使之富含深刻的哲理，从而起到开发头脑的作用。显然，当我们阅读这样的哲学著作时，与阅读轻松的文学作品是有所不同的。我们必须跟随哲学家，进入到那个思辨的世界、抽象的王国里面去，才能领会其中的深意。

那么，这里有一个问题，为什么哲学家要用比较晦涩、抽象的形式来表达一定的哲学观点呢？能不能用其他的形式，

哲学思想也是可以借用艺术的形式、文学的形式来进行表达的，但是这种表达只具有譬喻、借喻的形式，它不可能直抵思想的深处。因此，反映一种哲学思想，最直接的形式就是运用逻辑抽象的方法。相比之下，哲学总是晦涩难懂的。

如艺术的形式、文学的形式来进行表达呢？

当然，哲学思想也是可以借用艺术的形式、文学的形式来进行表达的，但是这种表达只具有譬喻、借喻的形式，它不可能直抵思想的深处。因此，反映一种哲学思想，最直接的形式就是运用逻辑抽象的方法。这或许就是“理论是灰色的”这个命题的本质含义吧。

但是，我们的哲学要走向生活、面向大众，以便使更多的人了解哲学、掌握哲学，从而更有效地发挥其变革社会、提升思想的作用。这就要求专门从事哲学教学和研究的工作者在撰写专门的、比较抽象的哲学著作的同时，也应该写一些通俗易懂的作品，运用深入浅出的写作方式来表达深刻的哲理。马克思作为一个哲学家，曾想用七八个印张把黑格尔哲学思想重新阐释一遍，以便让常人能够理解，可惜这个愿望没有实现。但哲学通俗化的路我们要继续走下去，这也是哲学的崇高使命。

哲学家都是偏执的吗

学生： 哲学家的性格都是偏执古怪的吗？

老师： 从史料的记载来看，确实有一些哲学家生性古怪。下面举个具体的例子，古希腊哲学家赫拉克利特出生于显赫的王族，他本来可以继承王位，但却让给了他的弟弟，自己隐居在一个神庙的旁边，专心从事哲学研究，是一个令人尊敬而又使人惊奇的人。晚年他得了水肿病，去看医生的时候，竟然不直接说出自己的病情，而是让医生去猜。他问医生："如何把阴雨天变成晴天？"医生没有猜出来，因此也就无法对症下药。赫拉克利特失望而归，于是把自己埋在牛粪堆里，想利用牛粪的热量来吸干其身上的水肿，结果没有成功。据说他 60 岁就病逝了。

德谟克利特也是一个极端偏执古怪的人。他认为我们的眼睛是靠不住的，眼睛只能看到假象，而认识真相只能通过心灵。于是，他刺瞎了自己的双眼。有人问他为什么要这样做，他说是为了看得更清楚。

更奇特的是大家所熟知的古希腊犬儒学派创始人第欧根尼。据说他长期住在市场中一个被人遗弃的大木桶里，身边只有一件破斗篷、一个要饭袋、一根木棍，每天向过路行人乞讨为生。他提出要回归原始朴素的生活，反对一切道德文化，认为这一切都是虚伪的。据说，有一次亚历山大大帝前来看望他，并允诺可以帮助他实现自己的愿望。不过，这位怪异的哲学家却说我没有什么请求，只是请你走开，不要遮挡住我的阳光。

近代哲学家当中性格怪异偏执的人也不少，例如叔本华、尼采等。叔本华这个人，无父无母，无妻无子，长期居住在一个旅店里面，性情十分古怪，还十分吝啬。他自命不凡，自以为是那个时代的天才并解开了斯芬克斯之谜，于是他请铜匠打造了一枚金戒指，上面刻着斯芬克斯投渊之像。在柏林大学讲学期间，他曾想与当时声名显赫的黑格尔在课堂上一决高下。但是，他作为教师并不怎么成功，所教授的课也不怎么受学生的欢迎，据说选他课的人从来没有超过三个。他从大学退出后，饱经风霜，因而十分仇恨所有的“哲学教授”。他后来一直定居于美茵河畔的法兰克福，专心致力于思考和写作。他获得声誉较晚，但是在他一生中的最后几年这种声誉使他感到愉快。至于尼采，就更加古怪了，1900 年的时候他完全疯了，其余生是在精神病院度过的。

中国古代哲学家相对而言要好一些，但是也有一些不为大众所认同的怪异哲学家，比如老子。尽管我们在史书里面没有找到有关他个性特征的记载，但从《道德经》里面却可以发现一些端倪。老子在《道德经·四十一章》里曾经谈道：“下士闻道，大笑之。不笑，不足以为道。”可见，他当初所提出的“道”是不为世人所理解的，乃至被人耻笑为非常怪异的理论。

庄子不与统治者合作，尽管他自己借米度日，但依然保持清高的品格。据说，当时楚国的国君派使者去拜访他，想聘任他为宰相，他却拒绝了。他说，他情愿像泥鳅一样在泥坑里玩耍，也不愿意在庙堂上当一个牺牲品。

再如心学大师王阳明。他年轻的时候，为了践行朱熹的格物功夫，竟然对着自己门前的竹子“格”了七天，结果把自己弄病了。于是，他认为朱熹的理学是靠不住的，从而另辟蹊径，创立了自己的心学体系。像这样的故事在哲学史上不胜枚举。

那么，从这里我们是否可以得出这样的结论：但凡哲学家，他们的性格似乎都有些偏执和古怪呢？

实际上，倘若认为所有哲学家的个性都偏执古怪是不成立的，因为相反的例证更多。考察哲学史可知，哲学史上大多数哲学家的个性并无异常之处，其人格大多比较健全。就说儒家创始人孔子，其性格就比较中庸，他也力倡中庸。他在周游列国的时候，四处碰壁，惶惶若丧家之犬，但却很乐观，不为他人的嘲笑、鄙视所动容。从这里可以看出，孔子应该是个性格比较开朗的人，他活到 72 岁，在那个时代属于长寿之人，能活到这个年纪，是与他乐观、开朗的个性分不开的。

既然如此，为什么人们又普遍认为哲学家比较偏执和古怪呢？我想可能要从这么几个方面来寻找答案：

第一，哲学家的思想往往是超前的。他们站在时代的顶峰，具有超乎常人的眼光，能及时发现和把捉隐含于历史表象中的时代精神，能在合理性中发现不合理性，在不合理性中发现合理性。正像叔本华所说的那样，哲学家的著作是为下一代人写的。所以，这一时代的人不理解他们的思想，并将其看成是怪异之人，就不足为怪了。

第二，凡思想家、哲学家都是有个性的。一个人的思想和他的个性是有关联的。一个没有自己鲜明个性特征的人是很难在科学、文学艺术、哲学上有什么大的建树的，这恐怕是一个共性特征。所以，凡是能称得上“家”的，都有其突出的个性。

第三，哲学家的研究对象决定了他需要沉思。在古希腊，哲学家被称为“安静的人”。因为哲学研究跟具体科学不一样，哲学研究主要是在头脑里面通过沉思、思辨来进行的。据说，有一次，苏格拉底为了探讨一个哲学问题，竟然在雪地里沉思了三天三夜。其他的哲学家可能不会像他那样极端，但一般的哲学研究都是需要沉思的，需要深入到那个思辨的世界里面去探寻宇宙人生的奥秘。哲学家的这种作为，在一般人看来就显得有些古怪了。

第四，哲学家通常具有锲而不舍的坚韧品质。不管是哲学家，还是其他的科学家、艺术家、文学家，他们要想在某个领域里面有所成就，就必须具有非常执着、专注的精神，有超乎常人的品格、意志与毅力，而这也使其显得与众不同。

第五，一个哲学家成名之后，人们就有一种好奇感，想

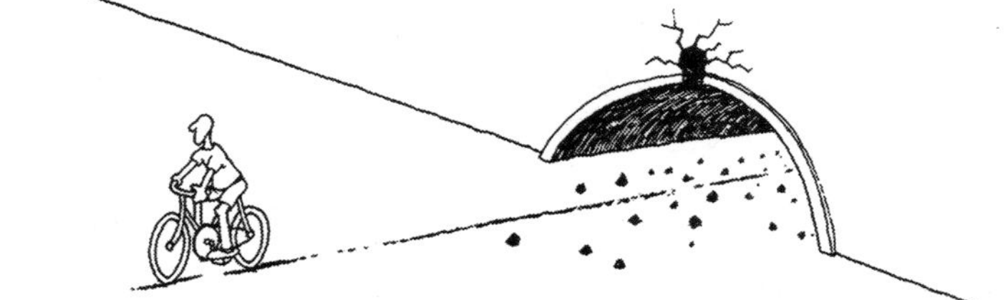

哲学家通常具有锲而不舍的坚韧品质。不管是哲学家，还是其他的科学家、艺术家、文学家，他们要想在某个领域里面有所成就，就必须具有非常执着、专注的精神，有超乎常人的品格、意志与毅力，而这也使其显得与众不同。

在哲学家身上找到一些奇闻轶事，搞出一点与众不同的东西出来。其实，任何一个人，不论是哲学家、科学家、政治家和艺术家，还是一个普通老百姓，如果你要在他们身上找到一点与众不同的东西来，都是很容易的。世界上没有两片完全相同的树叶，而且，正像弗洛伊德所说的，精神病患者与正常人的界限其实只有一步之遥，二者只有量的差别。所以，每个人身上都有其不同于常人的怪异之处，只是普通老百姓不那么受人关注而已。

综上所述，我们可以得出这样的结论：哲学家并不一定是性情古怪、个性偏执之人，但是他们身上确有其独特的个性特征，这就是爱智慧、爱沉思、专注、执着、有坚韧的毅力和锲而不舍的精神，能够超越一定的物质利益诱惑等。如果没有这些品质，特别是不能从物质利益里面超脱出来，是不可能成为哲学家的。一个爱财如命的人，一个一心追求物质利益的人，是与哲学无缘的。正像亚里士多德所说的那样，哲学不是一门生产的知识，它不能给我们带来财富，却能给我们带来自由！

为什么一个时代的哲学家往往是孤寂的

学生： 老师，为什么哲学史上的哲学家大多是孤独寂寞的？

老师： 哲学家给人的印象都是孤寂的，例如尼采、叔本华。尼采被称为“最孤独的哲学家”，由于其极度孤独寂寞，最后导致精神完全失常。他的思想在那个时代不为人看好，直到去世后才受到关注。叔本华也是如此，他一生过着无父无母、无妻无子的生活，孤寂地居住在一家旅店里，独自生活。尼采也是一样的，一生未婚，孤身独处。叔本华在晚年的时候其思想开始受到社会的关注，这使他在生前享受到了哲学带给他的荣誉。但他的著作也曾在相当长的一段时期内遭到冷遇，以致他不无悲凉地说他的书是写给下一代人看的。

被称为存在主义先驱者的帕斯卡写了一本书《沉思录》，其中一些段落就描写了他内心的一种深深的孤独感和虚无感。他这样写道：“我们短暂的人生被淹没在前后相继的永远之中，我占据的这一狭小空间，我目光所及的这一狭小空间，沉没在未曾认识而且我自然也不理解的无限广阔的空间之中。在认真考察这一情形时，我看到不是在其他地点而是在这一地点的自己的身姿，感到恐惧和惊异。”① 《沉思录》可能就是在这种精神高度孤独的状态下写成的一个作品。

存在主义的一个重要代表人物克尔凯郭尔也是一个孤独的哲学探求者。他曾明确描述过自己内心的孤独，并把人的生存归结为“恐惧、厌烦、忧郁、绝望”这些可怕的字眼。当然，他最后从上帝那里找到了摆脱孤寂的出路。

德国古典哲学的创始人康德也是一个孤独者。他一生居住在德国的哥尔斯堡，足迹所至几乎没有超出过这个城市 40 公里的范围，在孤寂中以哲学为伴。

至于中国的哲学家和思想家，如儒家学派的创始人孔子，也是一个孤独的求道者。他的学说在那个时代是不受欢迎的，在周游列国的过程中四处碰壁，累累若丧家之犬，惶惶若漏网之鱼。当然，他很乐观，但是，孔子的内心一定是十分孤独的。他的学说在他死后数百年才被尊崇为社会的主导思想。

那么，如何看待中西方哲学史上这些哲学家们的孤寂处境呢？

其实，孤寂是人的生存本质。每个人在这个世界上都是孤独的，都是寂寞的。正像存在主义者所揭示的那样，孤寂

---

① ［法］帕斯卡：《帕斯卡论集：能够思想的苇草》，王子今译，上海三联书店 1997 年版，第 95 页。

就是人的一种生存本质。弗洛姆曾经讲过："人是一种孤独的存在。"① 其他动物恐怕没有人的这种孤寂感。因为动物天生就属于自然界，属于某个群体，所以它不会产生孤独感。由于人有自我意识，他会意识到这种孤独。每一个人都会与自然界以及其他人发生矛盾，在这个充满矛盾的世界上，人自然会产生一种孤立无援的孤独感。存在主义把这种孤寂感上升到哲学的高度，认为这就是人的生存本质，跟人的社会地位、贫富贵贱没有多少关系。存在主义大师萨特就直接把"孤寂"界定为人的本质。他认为，人生是一个不断选择的过程，而孤寂就是人在进行选择的时候所产生的一种心理体验。因为人的每一次选择都需要自己独立地作出决定，别人无法替代；特别是当人面临多种选择而又前无支援、后无依傍的情况下，孤寂感就会油然而生。像克尔凯郭尔所讲到的，人的"恐惧、厌烦、忧郁、绝望"之所以会发生，我想其中很大原因就是源自于孤独。所以，孤寂是人的本质，是任何人都会存在的一种心理体验。

那么，哲学家的孤寂跟一般常人的孤寂有何不同？

我认为，除了一般常人具有的孤寂之外，哲学家们还有其特殊的孤寂体验。由于其研究哲学的缘故，对孤独有特别强烈和深切的体验，因而感到更加孤寂，其孤独感较一般人更为严重。

为什么哲学家比一般人更加孤独呢？大致来说，有四个方面的原因：

---

① ［美］弗洛姆：《逃避自由》，上海文学杂志社 1986 年版，第 5 页。

第一，哲学家的研究活动都是个体的，而不是集体的。哲学的研究与具体科学不一样，自然科学和社会科学往往可以进行集体攻关，共同研究，特别是自然科学，有时会通过国际合作研究某一个课题，但从来没有见过几个国家的哲学家共同撰写某一哲学著作的。哲学研究都是单独的、个体的。当然，哲学家会与人论辩，或者进行小组和大会的讨论，但最终写作哲学论著都是独立完成的。我们看到，凡哲学史上有影响的著作很少是由几个人共同写作的。因为哲学是一种具有高度个性的研究活动，即使是同一流派的哲学家，他们之间的观点也是不一样的，世界上很难找出两个观点完全相同的哲学家。如果有两个哲学家的观点完全相同，那只能说明他们不是哲学家。

第二，只有在孤寂中哲学家才能进入思辨的世界，才能触发灵感。歌德认为人可以在社会中学习，但灵感只有在孤独的时候才会涌现出来。《天演论》的作者赫胥黎说过："越伟大、越有独创精神的人，越喜欢孤独。"黎巴嫩有一个叫纪伯伦的思想家，他也讲过："孤独是忧愁的伴侣，也是精神活动的密友。"大凡科学的研究，尤其是哲学的研究，需要孤独，只有孤独才能使人安静下来、沉静下来，排除杂念；只有孤独，才能触发人的哲学灵感，使思想进入纯粹的思想王国，让智慧伸展双翅在哲学的天空中尽情翱翔。

第三，真正的哲学家的思想既是立足时代又是超越时代的。正因为哲学家思想的超前性，所以他的思想不为当代人所理解，甚至被视为怪异。尼采认为，更高级的哲人总是独处着，这并不是因为他想孤独，而是因为他在自己的周围找

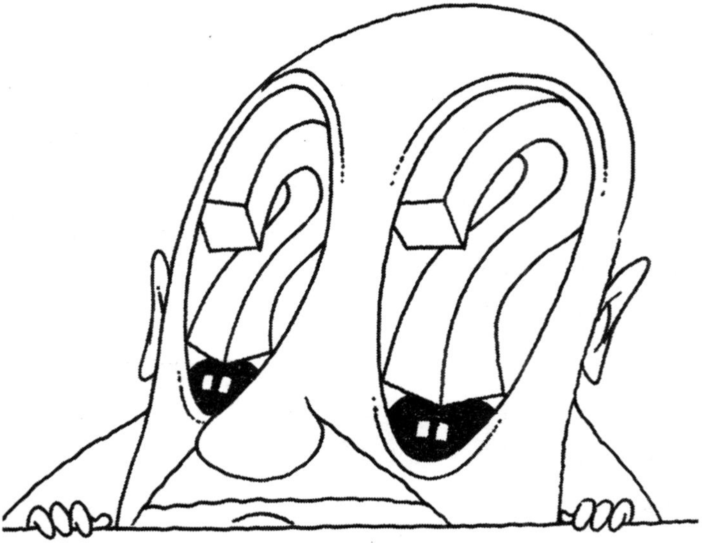

每一个人都会与自然界以及其他人发生矛盾，在这个充满矛盾的世界上，人自然会产生一种孤立无援的孤独感。

不到他的同类。哲学家并非不食人间烟火的怪物，他总要用哲学这个武器去干预世界。但是，他所使用的是批判的武器，其批判的方式就是在现实的合理性中发现其不合理性，在其不合理性中发现合理性。这就是说，在常人觉得合理的地方，他能看到其不合理性；在常人觉得不合理的地方，他能看到其合理性。他总是站在时代的高处，看到未来的发展。然而，他们思想的超前性往往不为大多数人所理解、所接受，这就使得哲学家往往处于十分孤独的境地。这就是为什么哲学史上不少哲学家的思想是其死后才被社会所关注，其社会作用才得以充分彰显的原因。

第四，真正的哲学家的思想能够达到一个很高的境界，这样的头脑在一个时代中是非常稀缺的。正因为如此，一个时代中能与哲学家对话的人少之又少，所以，哲学家往往有“知音难觅”“高处不胜寒”的感觉。特别是当一个社会比较浮躁，大多数人追求物质生活，哲学处在贫困境地的时候，哲学家的知音就更少了，他就更显孤独。例如，今天我跟汤玉红老师（访问学者）还有我们师徒几个在这里探讨这样的哲学问题，不仅在外人看来是十分怪异的，而且我们这个圈子里的一些人也未必都能理解。他们会觉得，探讨这些不着边际的问题是没有任何意义的，因为它既不能挣钱也不能炒股票，一个实际问题也解决不了。但是，我们认为这些问题很有意义，因而兴趣盎然，外人看来这就是怪异。

总之，哲学家注定孤寂，这就是他们的宿命。因此，哲学家自己应正确对待这种孤寂，甚至享受这种孤寂，在生活的孤寂中追求至上的精神快乐！

再论孤独

学生： 老师，《为什么一个时代的哲学家往往是孤寂的》在微信上发布后，引起了不小的反响和论争，能否请您就这个问题再展开谈谈您的看法？

老师： 好。我想就各位友人所提出的问题，再补充八点关于孤独的意见。

第一，人的本质是孤独的，这是弗洛姆在《逃避自由》一书中提出的一个基本观点。弗洛姆具体论证了历史发展过程中自由和孤独之间的二律悖反关系。他明确指出："个体化过程的另一方面就是日益增长的孤独。"① 一方面，自由给人带来了独立和理性；但另一方面，它又使人陷入孤独。人愈自由，也就愈孤独。可以说，孤独是人的自由之身所必须承担的重苛。这正是历史辩证法的鲜明表现。

---

① ［美］弗洛姆《逃避自由》，上海文学杂志社 1986 年版，第 5 页。

第二，自由之所以与孤独相伴相随，乃是因为当人从一定的人身依附关系中摆脱出来，获得了完全的自由和独立之后，就必须独自面对错综复杂的社会环境，并进行各式各样的人生抉择。尽管人的一生也离不开别人的帮助，但是，人生的道路终究要靠自己去走，人生的难题终究要靠自己去解决。正是在这一过程中，人的孤独感油然而生。

第三，人的孤独与人的自我意识密切相关。假如人没有自我意识，也就没有了强烈的孤独感。动物也怕孤独，但严格地说，动物的孤独表现为对人或同类的一种依恋。而人的孤独来自于其清醒地意识到必须独自面对人自身的种种问题。正如弗洛姆所说的："他有自我意识，有对其同伴的意识，有对其过去的意识，也有对未来可能性的意识。他意识到自己是一个分离的实体，意识到自己生命的短促；他意识到自己身不由己，死亦不由己。他意识到他将先于他所爱的人死去，或者他所爱的人死在他的前面；他意识到自己只身一人，孤苦伶仃，在自然和社会的压力面前无依无靠，这一切使得这种分离不和的存在对他来说成为一个不堪忍受的牢狱。"① 由此可见，意识是孤独感产生的直接原因，其中对处理人生问题的无助感特别是对死亡的恐惧，是人的孤独感发生的最根本的原因，也是人的孤独意识的终极表现。

第四，孤独感与人的思想成正比。愈有思想的人愈孤独。

---

① ［美］艾·弗洛姆：《爱的艺术》，李健鸣译，上海译文出版社 2011 年版，第 11 页。

孤独感与人的思想成正比。愈有思想的人，愈孤独。一方面，有思想的人自我意识强烈，他能明确地自觉地意识到自身的孤独无援，因而愈益孤独；另一方面，有思想的人其思想超前，难以被人所理解所接受，因而必然孤独。

一方面，有思想的人自我意识强烈，他能明确地、自觉地意识到自身的孤独无援，因而愈益孤独；另一方面，有思想的人思想超前，难以被人所理解、所接受，因而必然孤独。

第五，孤独不是孤傲，不是离群索居，更不是怪异。这里的孤独主要是一个哲学概念，当然也具有一定的生活意蕴。但无论如何都不能把孤独推向极端，即使是哲人也应如此。叔本华和尼采的那种极端的孤独实际上一种病态，无需效仿。

第六，哲人的内心孤独不能带入到日常生活中。我认为，哲人的内心世界是孤独的，理论是灰色的，但生活应该是阳光的。哲学家由于其研究对象和研究方式的缘故，他要与喧嚣的外界保持适当的距离，专注于内心的世界，因而需要具有一定程度的孤独感和甘于寂寞的精神；并且要有意识地对日用常识观念持批判超越的态度，以免“泯于众人矣”。但是，哲学家不是不食人间烟火的幽灵，在现实生活中，他应具有阳光心态，积极入世，主动融入社会之中，与时舒卷，入乡随俗。在这方面，孔子处理得十分完满，是为后世之楷模。

第七，我们探讨哲学家内心的孤独，主要是一个理论问题。众所周知，哲学家和思想家的产生需要一定的历史条件。世界上任何事物都是在一定条件下产生、发展和灭亡的。再好的树苗，离开一定的气候、土壤、雨水等条件，也长不成参天大树。同理，再好的头脑，离开了一定的客观环境，也成不了哲学家和思想家。毋庸讳言，在我国造就哲学家和思想家的条件还不甚成熟，但不等于我们就不能探讨有关哲学家和思想家的问题了。我们探讨这个问题，正是为了弄清楚哲学家和思想家产生的主客观条件并为此而奋争。

第八，孤独并不仅仅具有消极的意义。无疑，孤独伴随着痛苦和不安，但它不仅仅只具有消极的和否定的意义。没有孤独，就没有自由，孤独是自由赖以生成的根据。在这样的意义上，可以说，孤独本身就是最重要的自由。没有孤独，就没有反思，反思就是一个人自我对话、自我观照的自我孤独。没有孤独，就没有创造，创造就是在静思默想中激发灵感，而孤独就是天才火花的助燃剂。因此，我们应该用辩证的态度去对待孤独，在孤独中享受孤独，在孤独中造就和完善自己！

哲学是一门使人聪明的学问吗

学生： 我们常说，哲学是一门使人聪明的学问。请问这个命题成立吗？

老师： 我上小学的时候，老师就开始向我们讲哲学，从那时候起我喜欢上了哲学。我记得，当时老师就讲过："哲学是一门使人聪明的学问。"现在大家都这样讲，口口相传，好像成为一个人所共知的定律。其实，严格地讲，这个说法是不准确的。

什么是聪明呢？一般认为，聪明是指人很机灵、机敏，反应快、脑子活。或者说这个人有心计、有城府，处世圆滑世故。像我就经常被人批评，在这方面比较愚笨，没有心计，经常上当受骗。虽然我是搞哲学的，但在为人处世方面并不聪明。然而，哲学智慧绝不是这个意思，甚至与此相反。

第一，哲学不是脑筋急转弯。我们一般说人聪明，就是反应快。恰恰相反，哲学是要你沉下来，安静下来，思考一些深层次的问题。哲学所要锻炼的不是脑筋急转弯式的快速反应能力，而是透过现象看本质的逻辑推演和哲学思辨的能力。而这种思辨能力看起来是比较迟缓的，这是因为它深沉所以显得凝滞。有时候，一个哲学问题萦绕在哲学家的头脑里，一辈子都没有找到答案。像苏格拉底，他一生探讨什么是美德，至死都没有找到答案。但你不能说他的这一辈子没有意义，或他的探讨毫无价值。我们看重的是他的探讨过程，而不是结论，因为哲学也不可能得出一个绝对的结论。所以，哲学所研究的对象决定了它不是使用小聪明，运用快速反应能力去速战速决，而是要通过长久的、深层的、缓慢的过程来对问题展开深层的探讨。

第二，哲学不是生活技艺。它不可能使你心灵手巧，获得一门赖以谋生的生活技艺。恰恰相反，哲学要你适当地远离物质生活，去追求一些思想心灵上的东西。正因为如此，哲学家在生活上的表现往往显得有点笨拙。当然不都是这样，但确有相当一部分哲学家不会生活，不修边幅，不追求物质生活，沉醉于自己的心灵世界。古希腊的苏格拉底，人称“西方的孔夫子”，他就是一个不讲究穿着、不追求生活质量的人。至于古希腊的第欧根尼，那更是如此。他出身高贵，本来可以享受王子般的生活，但是他自己却愿意行乞为生。哲学史上的这些例子是不胜枚举的。

第三，哲学不是圆滑处世之道。林语堂先生曾经写过《中国人之聪明》的文章，里面就批判了老庄教人糊涂处世、圆滑处世的哲学观点。实际上，这是一种误解。不错，在中国哲学里，特别是在老庄哲学中，确实有处世哲学的内容，其中就有糊涂学的成分。例如，它教人要大智若愚、外圆内方等。老子说："圣人方而不割，廉而不刿，直而不肆，光而不耀。"（《道德经·五十八章》）这里所谓的"方而不割"，实际上是一个比喻。这就是说，做人要外圆内方，把刺人的棱角磨去。如果内方外也方，就会割伤人。这是教我们在处理问题时要善于把内在的原则性和外在的灵活性结合起来，但并非要你完全放弃原则，做一个圆滑处世的人。老庄哲学所提倡的以柔克刚、贵柔守雌的处世之道，并非圆滑奸狡之法，而是启发我们如何在错综复杂、充满风险的社会生活中保存和发展自己，而不是与丑恶势力同流合污、与世俯仰。

只要我们考察一下哲学史就可以知道，哲学家在日常生活中非但不聪明，反而显得有些怪异和愚蠢。因为他们不以追求物质财富和个人名利为务，而是以追求真理和智慧为业。哲学家追求的真理和智慧所关涉的是宇宙人生当中一些大是大非的问题。在常人看来，这些问题是大而无当、大而无用的，但需要人去探讨。一个社会需要人去探讨具体科学，以解决国计民生问题，同样也需要人去研究那些看似大而无当、大而无用的东西。那些看似大而无当、大而无用的东西，或许在将来会显示出它的作用。有的问题尽管没有确定的答案，但值得人们永远去研究。所以，那些看似大而无当、大而无用的东西，实则乃无当之大当、无用之大用。

如此说来，哲学除了研究学问外是不是对于日常生活一无所用呢？也不是的。哲学能帮助我们解决世界观、人生观、价值观以及信仰的问题，能培养我们观察事物的能力，能提升我们提出问题、分析问题、解决问题的水平。这些都有助

哲学是智慧学，不是聪明学。如果一定要说哲学是聪明学的话，那么，应该这样说：哲学的智慧是大聪明、大智慧，绝不是小聪明、小智慧。

于应对日常生活中的种种难题。比如说，如何对待生活，如何对待家庭，如何对待朋友，如何对待爱情，如何对待他人和社会，如何对待生活中的逆境和困难，等等，对于这些问题，如果我们有一个哲学的头脑就能正确处置。你们学生，现在还没有进入社会，但对将来应有充分的心理准备。人生的道路是艰难曲折的，社会生活是错综复杂的，时时有矛盾，处处有问题，甚至有时还会发生一些意想不到的事情。人生的命运不是十全十美的，上帝给你打开一扇门，就会给你关上一扇窗。有的人进入社会后遇到一点困扰就受不了，学了哲学的人就能够坦然应对。我经常讲，假如我没有学哲学，当面对人生中的种种困惑、困扰时，那我就死定了。但我能想得开，并正确面对。因为我深知，人的命运都是残缺不全的。我们年轻的时候和你们一样，谈对象都想找一个白雪公主，而女的则想找一个白马王子。实际上，学了哲学的人都知道，这不过是一个幻想。在现实生活中，没有什么白雪公主和白马王子，凡人都是有缺陷的，对此我们要有正确的态度。

总之，哲学是智慧学，不是聪明学。如果一定要说哲学是聪明学的话，那么，就需要加以说明和解释，给予正确的界定和诠释。这就是：哲学的智慧是大聪明、大智慧，绝不是小聪明、小智慧。

哲学的有用与无用

学生： 左老师，我们学习哲学有什么用呢？

左老师： 黑格尔曾经针对亚里士多德认为哲学对于生活是非必需的奢侈品的观点指出，“如果奢侈品是指那个属于外在必需品的享受或事业而言，就这点看来无疑地哲学不是必需的。但这又要看‘必需’是什么意义。从精神方面来说，我们正可以把哲学当作是最重要的东西。”① 黑格尔这段话的意思是说，虽然哲学对于我们日常生活来说没有直接的使用价值，它既不能满足我们日常的吃穿住用，也不能教给我们一些实用的知识和技能；但是，它对于我们的精神世界却是大有作用的。实际上，任何科学都不可能满足人的一切需要，它只能在某一个或多个方面满足人的需要。哲学也是如此。

---

① 北京大学哲学系外国哲学史教研室：《十八世纪—十九世纪初德国哲学》，人民出版社 1975 年版，第 454 页。

它虽然不能满足我们的物质需要，但却能满足我们的精神生活需要。而且，在某种意义上，精神的需要比物质的需要更高级、更重要。具体地说，哲学的功用主要表现在如下五个方面：

第一，哲学能够有效地提升我们的思维能力和思想素质。哲学作为一种抽象的思辨，是专门研究思想的。它要研究如何正确思考的方法和路径问题。我们可以说，哲学是一种关于如何正确思考的思想。学习哲学，可以有效地磨炼和提高我们的思维能力，使我们的眼光变得锐利、思想变得深刻。

例如，哲学要研究什么是反思、什么是抽象、什么是方法等，还要研究本体论、历史观、认识论、人本学、伦理哲学、宗教哲学等，这些都是最普遍、最抽象的思辨性问题。探讨这些问题，本身就是一种极好的思维“游泳”，久而久之，你的思维能力就提高了，在思想的海洋里，你就会游刃有余。

第二，哲学能够帮助我们解决世界观、人生观和价值观的问题。所谓世界观，是人们对于世界的总体看法。所谓人生观，是关于人生目的、态度、价值和理想的根本观点。所谓价值观，是关于事物善恶、美丑、好坏、利害的一种评判。这三者之间是一种内在包含关系，即世界观包含人生观，人生观包含价值观，价值观是世界观和人生观的现实体现。这“三观”都属于哲学研究的范畴。中外哲学史上留下了大量关于“三观”研究的思想资源，这对于我们辨明“三观”上的纷繁复杂的不同观念，树立正确的“三观”，校正人生的正确航向，都具有积极的指导意义。

这里需要特别强调的是，哲学史上关于世界观、人生观和价值观的各种理论，都不是解决问题的万应灵丹，更不是至高无上的宗教神谕，我们绝不能将其绝对化、教条化和神圣化。每一种哲学理论都有其合理性，但又有其局限性，我们应以辩证的态度对待它们。这就是说，在确定我们的世界观、人生观和价值观的时候，哲学史上形形色色的理论只能给我们以参考和启迪，而不能将其当作公式和教义。我们应该结合人生的实践在研讨各种哲学理论的基础上逐渐选择和确立起自己的“三观”。

第三，哲学能够帮助我们解决信仰的问题。正如黑格尔所说的，宗教和哲学内容相同而形式有别。这就是说，它们都要解决人的终极关怀和终极追求问题。而终极关怀和终极追求，实际上是人的信仰问题。从历史和现实来看，百分之八十的人选择通过宗教来通向信仰，但百分之二十的人选择通过世俗理论包括哲学理论来满足自己的信仰需求。从目前的发展来看，特别是随着科学的昌明，越来越多的人选择通过人文理论包括哲学理论来通向信仰之路。所以，哲学也是人们通向信仰的一条重要路径。

信仰关乎我们的精神家园和灵魂安顿，不管我们选择什么样的路径来通达信仰，但哲学始终是我们到达信仰彼岸的金色桥梁。

第四，哲学是社会变革的先导。通过考察中外历史，我们发现，但凡一个民族国家处在历史变革的时期，哲学家就会挺身而出，在社会变革中扮演着思想先导的作用。我国改革开放三十多年的历程已经充分证明了这一点。

改革开放以来，我们经历了多次思想大解放。每一次思想大解放，哲学都充当了开路先锋的作用。现在，我国的改革开放正处在一个新的历史关节点上，新的形势和新的发展呼唤新的思想解放，而新的思想解放又必然推动新的改革和新的发展。

第五，哲学是推动科学发展的积极力量。一方面，哲学是自然科学和社会科学的概括和总结。另一方面，哲学又能反过来指导自然科学和社会科学的发展。任何科学的研究都离不开哲学的指导。正如恩格斯一再强调的，在科学的领域内，离开哲学我们就寸步难行。而且，哲学本身就是科学大家族中的重要一员。正如黑格尔所指出的，在一个富丽堂皇的庙堂里面，不能没有一个至圣神，而哲学就是科学庙堂里的至圣神！

如果奢侈品是指那个属于外在必需品的享受或事业而言，就这点看来无疑地哲学不是必需的。但这又要看“必需”是什么意义。从精神方面来说，我们正可以把哲学当作是最重要的东西。

好奇是智慧的引线

学生： 左老师，好奇在哲学智慧的追求中起什么作用？

老师： 好奇在哲学探究中具有非常重要的作用，可以说，好奇是智慧的引线。古希腊的几位著名哲学家都提出过这样的命题，即哲学始于惊讶。柏拉图曾在《泰阿泰德篇》中非常明确地指出："惊讶，这尤其是哲学家的一种情绪。除此之外，哲学没有别的开端。"他还说过："这地地道道是哲学家的情绪，即惊讶，因为除此之外哲学没有别的决定性的起点。"① 亚里士多德也提道："人们是由于诧异才开始研究哲学；过去就是这样，现在也是这样。"② 根据我的理解，这里的惊讶或诧异主要表现为一种好奇感，好奇可以说是惊讶或

---

① 胡军：《哲学是什么》，北京大学出版社 2002 年版，第 15 页。

② 北京大学哲学系外国哲学史教研室：《西方哲学原著选读》上卷，商务印书馆 1981 年版，第 119 页。

诧异的一种本质。

首先，哲学对于智慧的追求起始于一种好奇心。正如亚里士多德所指出的，哲学家起初是对身边的一些问题感到困惑和好奇，进而逐渐地扩大，对更大范围内的问题感到困惑和好奇，最后扩展到对整个宇宙世界感到困惑和好奇。这就促使哲学家去探究宇宙世界的本质、本源问题。亚里士多德还认为，哲学家对智慧的追求没有什么功利目的，完全出于一种好奇的兴趣和心理。如果说其他的科学包括数理科学研究带有利益的色彩、功利的目的的话，那么唯独哲学智慧的追求完全出于好奇。他说："我们追求这种知识并不是为了什么别的好处。我们说一个自由的人是为自己活着，不是为伺候别人而活着；哲学也是一样，它是唯一的一门自由的学问，因为它只是为了它自己而存在。"① 我的理解，这里的"自由"是指对智慧探索的自由。在现实生活中，人们往往会受到很多限制和束缚，显得很不自由。但是，这并不妨碍哲学家让自己的理性思维在自己思想的天空里纵横驰骋。这样的自由是一种思想探索的自由，是在好奇感驱使下对问题进行无穷追问的自由。

其次，哲学的好奇和其他学科的好奇是有区别的。既然我们说哲学智慧的追求是出于好奇，那么其他科学的探索是否也出于好奇呢？毫无疑问，答案是肯定的。好奇对于其他科学的发展也起着非常重要的作用。黑格尔曾说过："如果从

---

① 北京大学哲学系外国哲学史教研室：《西方哲学原著选读》上卷，商务印书馆1981年版，第119页。

主体方面来谈象征型艺术的最初出现，我们不妨重提一句旧话：艺术观照、宗教观照（毋宁说是二者的统一）乃至于科学研究一般都起于惊奇感。”① 可见，惊讶和好奇不是哲学的特权，一切科学艺术也都源于惊讶和好奇。我们小时候所看过的《十万个为什么》，大部分讲的都是自然科学问题，它所解答的都是人们感到好奇的问题。科学家往往也是出于好奇而去探讨自然界和社会的奥妙。在这里，哲学的好奇和自然科学、社会科学的那种好奇到底有什么不同呢？哲学的好奇可以说是一种寻根究底直至终极的好奇，或者说，它要不断地寻根问底，把好奇推到极限并直抵其终极本质和终极根源。而其他科学往往是对某一具体、特殊问题感到好奇。在广度上，哲学对整个宇宙世界感到好奇并不断追问；在深度上，哲学对事物的终极本质感到好奇并不断追问。这样的神圣使命，是除了哲学以外的其他科学所不能承担的。可见，无论是在广度还是深度上，哲学的好奇都有别于其他科学的好奇。用一句通俗的话来说就是，哲学要将好奇进行到底，在疑中见疑，在奇中求奇，在问中追问，永无穷竭。

再次，哲学的好奇是推动哲学不断发展的一种内在动力。哲学所提出的问题都具有终极性、无限性、永恒性的意蕴。这些问题是可以永远追问下去的，其奥妙是我们永远都破译不了的。尽管如此，它仍然具有永不褪色的魅力，人们对它的好奇感不但不会衰减，反而会日益加深。如宇宙的本源、本体问题，它吸引着一代又一代的哲人对其进行探索，而且

---

① 张世英：《进入澄明之境》，商务印书馆1999年版，第210页。

为如此，它能吸引无数的爱智者投身其中，在好奇心的驱使下不断追求哲学的智慧。

哲学自始至终对问题进行探究，它不是要寻求一个确定的答案，而是要不断提出问题，同时对这些问题进行不断探究。正因为如此，它能吸引无数的爱智者投身其中，在好奇心的驱使下不断追求哲学的智慧。

似乎越探索越感到好奇，越好奇越促使其探索。具体科学就不一样，其所研究的问题一旦解决了，人们对它的好奇感便会消失，然后转而研究别的问题。哲学对其所研究问题的好奇是永不衰竭的，前人好奇的问题，后人接着进行研究，在研究过程中又会激发新的好奇。好奇吸引着一代又一代的哲学家对宇宙世界那些具有终极性、无限性的问题进行永无止境的探究。好奇是哲学不断向前发展的一种内在动力，是提升哲学智慧的一条重要引线。这就是哲学的魅力和本质之所在。

最后，我要强调的是，哲学本身就是一门使人感到好奇和惊讶的学问。正如海德格尔所说："哲学本质上就是某种令人惊异的东西，而且哲学越成为它之所是，它就越是令人惊异。"① 很多哲学家包括现代哲学家福柯也持有这样的观点。因为哲学自始至终对问题进行探究，它不是要寻求一个确定的答案，而是要不断提出问题，同时对这些问题进行不断探究。所以，哲学本身就是一门令人感到好奇和惊讶的学问。正因为如此，它能吸引无数的爱智者投身其中，在好奇心的驱使下不断追求哲学的智慧。

① 张世英：《进入澄明之境》，商务印书馆 1999 年版，第 216 页。

为什么说一个民族不能没有哲学思维

学生： 老师，为什么一个民族不能没有哲学思维？

老师： 恩格斯在《自然辩证法》中指出，一个民族要想站在科学的最高峰，就一刻也不能没有理论思维。这里的"理论思维"，我的理解就是哲学思维，因为一个民族的理论思维最集中地反映在哲学当中。

为什么说一个民族不能没有哲学思维呢？我想主要有如下几个方面的原因：

首先，科学的研究需要哲学的指导。不管是自然科学的研究还是社会科学的研究都离不开哲学思想的指导，对于这个问题，恩格斯在《自然辩证法》当中进行了具体的分析，这一分析至今仍然是很深刻的。他针对当时有些自然科学家反对、厌恶黑格尔，欲将其当成死狗扔到大海里的做法进行了批评。在他看来，这种做法是非常浅薄的。他指出，自然科学研究每一步都离不开哲学思维，自然科学的研究一旦离开哲学思维，连两个概念都无法连接起来。因为在科学研究当中要进行分析、综合、归纳、演绎、抽象、概括等，这些都离不开哲学思维。探讨自然界当中的因果性、平衡性以及偶然性和必然性的关系，都需要哲学的指导。因此，问题不在于自然科学家需不需要哲学的指导，而是受什么样的哲学指导。你是受某种庸俗的最坏的哲学的指导，还是受一种建立在通晓思维的历史和成就的基础上的哲学思维的指导。或者说，你不受这种哲学的支配，就受那种哲学的支配，实际上任何一个哲学家都自觉不自觉地受一种哲学思想的支配。而且正如杨振宁先生所说，物理学研究到头就是哲学。这句话的意思是说，物理学中包含的普遍性问题尤其是终极性问题实质上就是哲学问题。例如，宇宙的有限性和无限性问题、均衡性和非均衡性问题、和谐性和差异性问题、必然性和偶然性问题等，这些问题本质上都是哲学的本体论问题。正如现代科学哲学家奎因所说，自然科学研究不可不对这些问题进行本体的“承诺”。

社会科学更是如此。它与哲学紧密地联系在一起，你中有我、我中有你，无法分割。比如文学的研究就离不开哲学，文学是利用具象的形式，通过反映现实生活中的具体情节来表达一定的理念；哲学则是通过抽象的论证来阐明特定的道理，二者殊途而同归。历史学与哲学更不可分家。所谓史中有论、论中有史，其中的“论”有些直接就是哲学。正如司马迁所言，他编纂《史记》，其目的就是为了“究天人之际，通古今之变，成一家之言”。可见，在中国文化中，文史哲是融为一体的。

对于哲学在科学中的地位，黑格尔更是有非常精辟的论断。黑格尔认为，“一个有文化的民族”，如果没有哲学，“就像一座庙，其他方面都装饰得富丽堂皇，却没有至圣的神那样”①。哲学就是科学庙堂里的“至圣的神”。

其次，社会的发展需要哲学的引领。一个社会的发展实际上都有一种内在的精神在起引领作用。但从最高统治者到普遍民众对于这种内在的民族精神不一定都有十分清晰和自觉的理解。这就会发生一种危险，如果最高统治者的指导思想发生了错误，背离了民族精神的发展方向，就会误国误民。毛泽东晚年提出了无产阶级专政下继续革命的思想，在这一思想的指导下，不仅始终坚持阶级斗争为纲的基本路线，而且导致了所谓“史无前例”的无产阶级“文化大革命”，造成了“十年动乱”。实践证明，这一思想是完全错误的。但这也从反面验证了从哲学上把捉决定着一个民族向前发展的民族精神的重要性。每个时代的哲学家和思想家的一个历史使命，就是把隐含于历史表象深处的民族精神彰显出来，以便于人民尤其是统治者能够正确地认识它，并上升为一个国家的指导思想。

当然，历史上也有一些杰出的统治者本身就有极高的思想水平，他们站得高、看得远，能够较为清醒地认识到民族精神的本质，因而能及时地提出并制定符合历史发展规律的重大决策。例如，中国历史上的秦始皇、汉武帝、唐太宗等就是这样的杰出统治者。秦始皇虽然暴虐不仁，但他在当时

---

① ［德］黑格尔：《逻辑学》上卷，商务印书馆 1966 年版，第 2 页。

就清醒地认识到封建制已不适应时代的发展，必须改行郡县制。据载，秦初并天下，“丞相绾等言：‘诸侯初破，燕、齐、荆地远，不为置王，毋以填（镇）之。请立诸子，唯上幸许。’始皇下其议于群臣，群臣皆以为便。廷尉李斯议曰：‘周文、武封弟子同姓甚众，然后属疏远，相攻击如仇雠，诸侯更相诛伐，周天子弗能禁止。今海内赖陛下神灵一统，皆如郡县，诸子功臣以公赋税重赏赐之，甚足易制。天下无异意，则安宁之术也。置诸侯不便。’始皇曰：‘天下共苦战斗不休，以有侯王。赖宗庙，天下初定，又复立国，是树兵也，而求其宁息，岂不难哉！廷尉议是。’”（《史记·秦始皇本纪》）从这里可以看出，秦始皇能够采纳廷尉李斯废封建立郡县的建议，是因为他已深刻认识到立郡县的思想代表了民族精神的要求，有利于历史的发展。因此，秦亡后，其郡县制被历代帝王所继承。

邓小平作为当代中国改革的开创者，能够带领中国人民进入到一个改革开放和现代化建设的新时代，乃是因为他在“文革”后期，就已认识到必须破除“本本至上”的教条思维，在“什么是社会主义，怎样建设社会主义”的问题上解放思想。正是这一合乎历史发展的新的“精神原则”，成为推进当今中国改革和建设的强大动力。

由此可见，一个正确反映了民族精神的指导思想，对于一个社会的发展来说是何等的重要。也许正是出于这种思考，柏拉图提出了一个国家的国王同时应该是哲学王的设想。他说：“除非是哲学家们当了王，或者是那些现今号称君主的人像真正的哲学家一样研究哲学，集权力和智慧于一身，让现在的那些只搞政治不研究哲学或者只研究哲学不搞政治的庸才统统靠边站，否则国家是永无宁日的，人类是永无宁日的。”当然，柏拉图的这个观点有点绝对，但却说明了一个国家的发展需要哲学思想的指导。

再次，人们思想道德素质的提高需要哲学的武装。对于一个民族的发展来说，都有一个如何提高自身素质的问题。人们的素质既包括科学知识的素质，也包括思想道德的素质。而要提高人们的思想道德素质，一个重要的途径就是学习哲学。在当今世界的中等教育特别是高等教育中，各个国家几乎都把哲学作为一门必修的基础课或共识课来看待，要求文理科学生都要选修，其目的是希望通过哲学的学习来提升学生的思想道德素质。新中国成立之后，应该说我国是非常重视哲学教育的，甚至要求全民学哲学。这个出发点是很好的，也取得了积极的成果，发挥了有效的作用，但也存在很多的问题。最主要的问题是把哲学等同于知识，把哲学的一些理念、方法实证化、公式化、知识化、教条化，这就背离了哲学的本性。这方面的经验教训值得总结和反思。哲学教学重在提高思想道德素质，训练学生的创造性思维，而不是死记一些哲学的条条框框，甚至硬背一些公式。

最后，哲学代表一个民族的文化水准。一个民族的发展水平应该是综合的，表现在诸多方面。虽然经济是基础，是衡量一个国家发展的重要指标，但不是最重要的指标，更不是唯一的指标。我觉得，最能够反映一个民族发展水平的应该是这个国家的文化发展水准。因为它代表着这个国家的内涵，是其软实力的反映，而软实力恰恰是它的精髓，是核心的和灵魂性的东西，而经济的发展只是一个民族思想文化的外在表现。思想文化的发展包括自然科学以及哲学社会科学的发展。我们在谈论一个民族文化的时候，往往偏重于科技的发展而忽视人文科学的发展特别是哲学的发展，这是非常偏颇的。哲学作为时代精神的精华和人类文明活的灵魂，它最集中和最高度地反映了一个民族文化的发展，这也就是为什么恩格斯提出一个民族要站在科学的最高峰就一刻也不能没有理论思维的原因和根据。

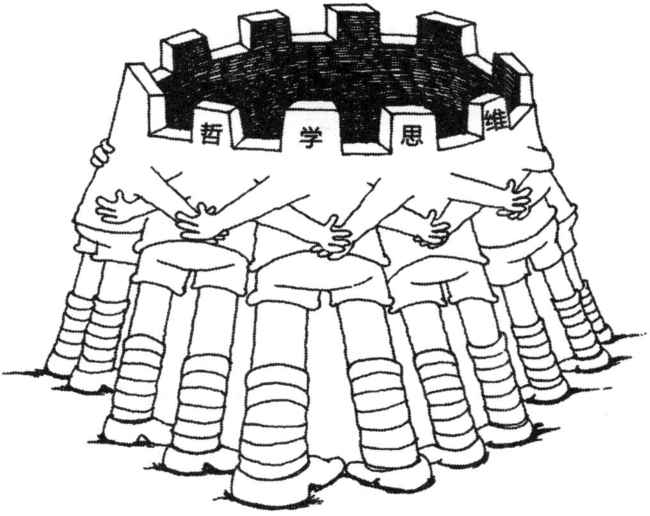

哲学作为时代精神的精华和人类文明活的灵魂，它最集中和最高度地反映了一个民族文化的发展。

“中庸之道” 是个好东西

左师与二生散步于珞珈山上。其中一男生为东北人，身材魁梧，微胖，近日正在锻炼减肥。

师便曰：“胖瘦皆要适中，太胖不好，太瘦也不好。”

然后，师又对旁边另一南方男生说：“你太苗条了，要加强锻炼啊”，“至于锻炼，其强度、方式也要适度，要量力而行。每天锻炼的时间也要适量，我听说，你们同学当中，有的同学每天只锻炼十几分钟，最多半小时，这就太少了。当然，也不可过长，有的人打篮球成瘾，有时一天要打四五个小时，这就过度了。”

于是，老师就从这里说开去，对孔子提出的“中庸之道”进行了解说。

他说：“中庸之道是个好东西。中庸之道，又叫中和之道、中道。所谓中庸之道，就是做什么事情都不能走极端，孔子说‘过犹不及’，过与不及都不好，要不偏不倚、恰到好处、把握适度最好。程颐也说过：‘不偏之谓中，不易之谓庸。中者，天下之正道；庸者，天下之定理。’（《二程遗书》）在两千多年以前，孔子就已发现，任何事物都有一个度量界线的问题，在这个度量界线的两端有一个度量交界线，如果在一端超过了这个界线或在另一端达不到这个界线，事物都向反面转化。例如，孔子曾谈到勇敢、直率等就有一个度量界线的问题。如果在一端‘过’了勇敢的度量线，就成了胡乱蛮干的鲁莽；如果在另一端‘不及’勇敢的度量线，就是胆小怕事的懦弱。直率也是这样，如果太‘过’直率，就成为尖刻；如果‘不及’直率，就成为油滑，如此等等。”〔孔子的原话是“恭而无礼则劳，慎而无礼则葸，勇而无礼则乱，直而无礼则绞。”（《论语·泰伯第八》）〕

问题是如何认识事物的这种度量界线？孔子提出了“扣其两端而竭焉”的方法。他曾说：“吾有知乎哉？无知也。有鄙夫问于我，空空如也。我扣其两端而竭焉。”（《论语·子罕第九》）所谓“扣其两端”，就是指将问题的正反两个方面反复推敲、比较，以便认清两个极端的度量界线在哪里，这样才能真正做到“执两用中”。孔子发现任何事物都是如此，其“两端”都有一个超越度量线的问题。今天我们无法描绘当年孔子发现这一伟大真理时的欣喜之情，但是，从其大量言谈中却可以看出他是如何看重自己的这一理论创建的。这就是为什么孔子一再强调“执两用中”并将其概括为“中庸之道”的原因。

孔子提出中庸之道的意义十分重大。一般老百姓在日用生活中也懂得什么事情都不能过量、过分、过度，但这种认识还停留在一些具体的、细小的事情上，不可能提升到一般规律的高度。而孔子则从“百姓日用而不知”的实践生活中，总结和提炼出了一个贯穿于宇宙万物之中的普遍规律，这对于反过来指导人们更有效地从事改造自然和社会的活动，都具有十分现实的作用。

例如，在治国理政中，就要坚守中道。孔子说：“政宽则民慢，民慢则纠之以猛。猛则民残，残则施之以宽。宽以济猛，猛以济宽，政是以和。”（《左传·昭公二十年》）

在因与革、质与文、速与缓、义与利等一系列矛盾关系上，孔子都主张将两个方面协调、整合，防止执其一端的极端化行为。过去我们说，孔子反对改革，害怕变革，被当时“礼崩乐坏”的形势吓破了胆，这种评价是不公道的。其实，孔子并不反对改革，只是反对那种否定一切、打倒一切的过激行为。孔子与子张曾有一段有趣的对话。子张问：“十世可知也？”子曰：“殷因于夏礼，所损益，可知也；周因于殷礼，所损益，可知也。其继周者，虽十世，可知也。”（《论语·为政第二》）可见，孔子对于时代的变革有自己独特的看法，他并不主张因循旧制，而是认为应对其有所“损益”，即把变革与继承、继承和发展有机地结合起来，并把这种原则上升为历史发展的规律。

在身心修养上，孔子心目中的理想人格就是一种“仁人君子”的形象。在孔子看来，真正的仁人君子，其一举一动、一言一行，乃至一举手、一投足，都应合乎礼仪、符合中道，而且不偏不倚、恰到好处，不失温柔敦厚、温文尔雅的君子风度。

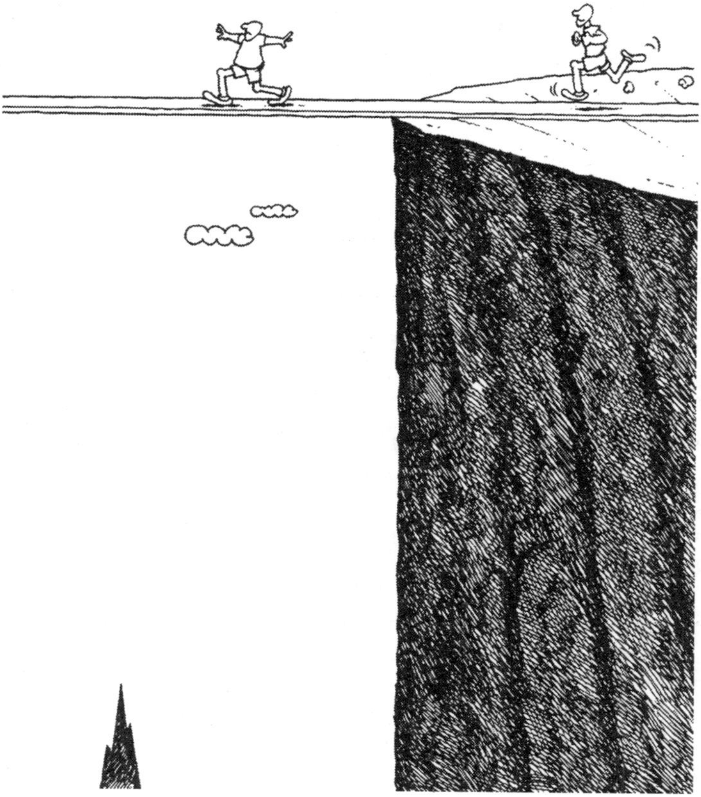

中庸之道，又叫中和之道、中道。所谓中庸之道，就是做什么事情都不能走极端，孔子说“过犹不及”，过与不及都不好，要不偏不倚、恰到好处、把握适度最好。

在日常生活中，无论做什么都有一个保持适度的问题。用人要有度，用财要有度，待人要有度，批评要有度，表扬要有度，赏罚要有度。在决策的目标上，求‘中’为好，最劣最优都不好。赫伯特·西蒙提出了满意目标和“合理目标”，这就是说目标、任务要“适中”。组织的规模也要适中，不是越小越好或越大越好。

孔子还提出了“权变”和“时中”。《礼记·中庸》中，孔子说：“君子之中庸也，君子而时中。”这就是说，要根据时间的变化来用中、持中、守中，要时时得中。这就要善于“权变”。

过去，孔子的“中庸之道”一直被定义为折中主义、调和主义而遭到批判，现在不但要为其正名，而且要大力加以倡导。世界上的事情是复杂的，有些事情我们非要用斗争的方法不可，如与腐败行为的斗争、与犯罪分子的斗争、与保守落后的斗争（有些斗争不一定是对抗，如思想领域的斗争）。但有许多事情不必用斗争或对抗的方法去处理，而是用“中道”的方法进行调适和整合。过去，我们总是强调要敢于突破事物的“度”，不能搞调和、折中。但现实中有大量的矛盾不是一个“吃掉”一个的关系，而是一种和平共处的关系，如道德与法律、经济与政治、政治与文化、父与子、夫与妻、师与生等之间就是这样一种性质的关系。对于这样的矛盾我们就要用“中道”的方法去处置，而不是促其向反面转化。所以，中庸之道确实是个好东西，是我们老祖宗对于人类辩证思想发展的一大贡献，我们应该将其发扬光大，使之更好地服务于社会，更有效地指导人们的实践活动。

树木是否有对

一日，左师与二生散步。

师曰：“‘万物莫不有对。’你们想想，天地之间有没有这样一个事物，它孤零零地存在，是没有对立面的？”

一生指树问：“这棵树有对立面么？”

师答：“树有大小粗细，是为对；一座山上，有参天大树，就有小花小草，亦为对。”

答毕，师沉思良许，又娓娓道：“哲学的辩证方法，多考察人事及人与物之间的关系。《中庸》言：‘道不远人。人之为道而远人，不可以为道。’（《中庸·十三》）自然界固然也有对立现象的存在，但只有比附的意义。《易传·系辞下》言：‘古者包牺氏之王天下也，仰则观象于天，俯则观法于地，观鸟兽之文与地之宜，近取诸身，远取诸物，于是始作八卦，以通神明之德，以类万物之情。’这就是说，古代圣王伏羲氏统治天下的时候，仰观日月星辰之天象，俯察山川草木之地理，细考鸟兽虫鱼的印迹及土地的资源便利，近则取法自身，远则取法万物，于是开始创制八卦，以此会通神明的大德，模拟万物的性情。《易传·系辞上》还言：‘是故夫象，圣人有以见天下之赜，而拟诸其形容，象其物宜，是故谓之象。圣人有以见天下之动，而观其会通，以行其典礼，系辞焉以断其吉凶，是故谓之爻。’这就是说，所谓象，是古代的圣人在发现了天下深邃的奥秘之后，就模拟其形状，使之与其相宜，这就是卦象。圣人在发现了天下万物的变化运动之后，就观察其会合变通的规律，模仿其程序仪式，并将文辞系于卦爻之下，以判断吉凶，所以就叫爻。可见，古人首先通过观察自然现象来抽象出一定的哲理，这就是《周易》所说的‘观物取象’。但哲理在自然界只有象征的意义，我们也只能通过对自然现象的模拟和比附来阐明一定的哲学道理。真正的哲学存在于主体人的身上，存在于人类社会之中，存在于人与自然的关系之中。离开人孤立地研究自然界的哲学乃为旧的自然哲学，现已被自然科学取代。”

当我们考察人自身、人类社会以及人与自然的关系的时候，就会发现没有一个事物是绝对独立的，它都有其对立面与之相辅相成。例如，有喜就有忧，有乐就有悲，有进就有退，有荣就有辱，有聚就有分，有富就有穷，有兴就有衰，有起就有落，等等。没有假恶丑，就没有真善美，反之亦然。能够认识到事物之间的这种相对性，并理解“万物莫不有对”的道理，这是走向哲学的第一步，但也仅仅只是第一步。

树有大小粗细，是为对；一座山上，有参天大树，就有小花小草，亦为对。世界上没有一个事物是绝对独立的，都有其对立面与之相辅相成。

为什么自然物的对立现象只有比附和片断的意义

翌日，学生与左师再游于珞珈山麓。

学生： 为什么说自然物的对立现象只具有比附和片断的意义？它与人事的对立现象有区别吗？

老师： 是的。无疑，自然界处处存在着对立的现象。《易传·系辞上》曰："天尊地卑，乾坤定矣。卑高以陈，贵贱位矣。动静有常，刚柔断矣。"朱熹曾曰："无一物不有阴阳、乾坤。至于至微至细，草木禽兽，亦有牝牡阴阳。"（《朱子语类·卷六十五》）自然现象中的乾坤日月、男女牝牡、草木禽兽、上下四方、昼夜寒暑、春夏秋冬、弦望晦朔、屈伸往来等，无一不是对立现象的表现。但这种对立现象与社会人事方面的对立现象是有区别的。

第一，自然界的对立现象并非相辅相成的，一方消失，另一方仍然可以存在。例如，草不存在了，木照样存在；鸟不存在了，兽照样存在；在一些热带地区，秋冬消失了，春夏仍然存在；在太阳系中，即使月亮消失了，太阳仍然存在；在宇宙中，地球消失了，宇宙之天仍然存在。而社会人事则不一样。在人类社会中，矛盾对立现象的相反相成就十分典型，一方不存，则另一方则立即消失。假之不存，真之不见；恶之不在，善之不再；丑之无有，美之消亡；喜悲、荣辱、兴衰、好坏、利害、成败、功过等亦是如此。

当然，这一切都不是绝对的。自然界中也有相反相成的现象，如牝牡雄雌、动静分合、昼夜黑白等，只是不像社会现象那样具有普遍性。

第二，自然界许多对立现象的区分实际上来源于人的评价，其本身并无所谓矛盾对立。如上下左右、东南西北、前后高下，乃至昼夜寒暑、春夏秋冬、弦望晦朔等，也不过是人类根据自己的生活感受所作的一种区分。自然界本身是无所谓这些对立区别的。

第三，自然界与人类社会相比在矛盾对立中的最大区别是其存在大量的无机物质，这些无机物质本身就是僵死的、机械的。从系统论的观点看，僵死的无机物属于封闭系统，如一座建筑、一块石头、一张桌子、一杯止水等，对于这些物质来说，就无所谓按辩证法的规律进行自我更新和发展的问题了。当然，自然界也有开放系统，如动物界、植物界等。但无论如何，在辩证法上自然界也不能与人类社会相比。人类社会本身就是一个高度进化且复杂无比的有机的开放系统，它本身就是一个辩证法的活例。

由此可见，对立的辩证现象最完整、最典型、最生动的表现是在人类社会，自然现象至多只具有比附、象征和片断的意义。我们不能完全否定自然辩证法的存在，但如果离开人类社会孤立地去理解这种辩证法的话，那就失去了辩证法的价值。人类创造辩证法最终源于对自身和社会历史的观察，因而它本质上属于人的辩证法，离开主体人的视野，辩证法就不存在了。

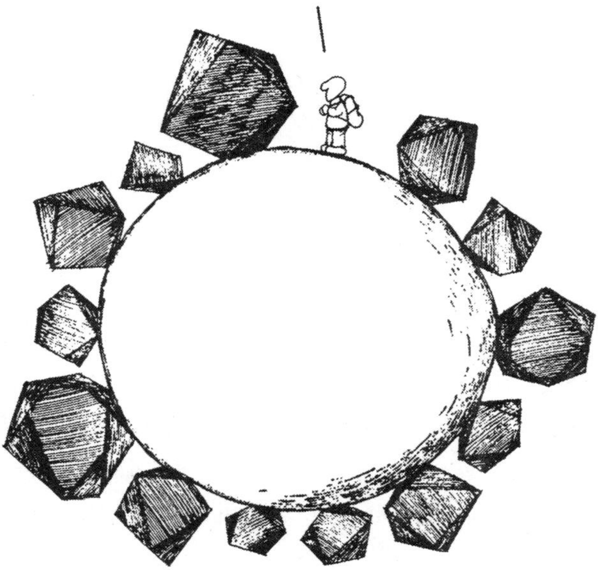

人类创造辩证法最终源于对于自身和社会历史的观察，因而它本质上属于人的辩证法，离开主体人的视野，辩证法就不存在了。

事物有对立面是好事还是坏事

珞珈山是孕育哲学的宝地。老师喜欢在珞珈山上谈哲学。

学生： 事物有对立面是好事还是坏事呢?

老师： 这个问题要具体分析。对于自然现象来说，春夏秋冬、寒往暑来、高下细粗、阴阳牝牡等无所谓好坏、善恶、美丑，这些价值判断是人加于其上的，它们本身是自满自足的。自然界不会因其细而嫌其小，也不会因其粗而嫌其大；不会因其生而欢喜，亦不因其死而悲伤。在自然面前，一切的一切，不仅是自然而然的，而且是自足自性的。

对于人类来说，情况就有所不同了，所有的一切都打上了价值的色彩。美则好，丑则恶；生则喜，死则悲；富则乐，穷则忧；贵则荣，贱则辱；善则臧，恶则否。人同此心，心同此理。在这个世界上，没有人喜欢假恶丑，厌恶真善美；倾心贫与贱，拒斥富与贵。这是人们的一种共同心态。

然而，从辩证的观点上看，世界上没有绝对的好与坏。

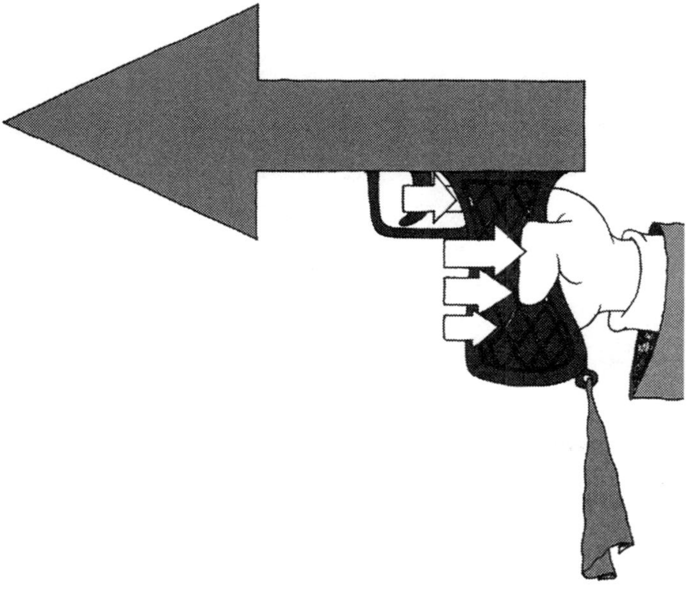

任何事物都具有二重性，真假同在，进退共生。如果条件具备，对立面是可以相互转化的。

事物都有二重性，一个事物从一个方面看是好事，从另一个方面看则是坏事。“祸兮，福之所倚；福兮，祸之所伏。”（《老子·五十八章》）“物极必反”“否极泰来”。“月盈则亏，水满则溢。”“穷则变，变则通，通则久。”（《易传·系辞下》）这些对立面之所以会相互转化，其内在的原因就在于任何事物都具有二重性。例如，祸患、贫穷本来是坏事，但却能磨炼人的意志，激励人的斗志，因而就有可能使坏事变成好事；幸福、富有本来是好事，但也会腐蚀人的意志，让人滋生贪图享受的心理，因而就有可能使好事变成坏事。纵观中外历史，大凡英雄杰出人物，无一不是饱受困苦，历尽磨难。所谓“自古英雄多磨难，从来纨绔少伟男”“艰难困苦，玉汝于成”，诚哉斯言也！

但是，从整个人类历史的发展来看，事物之间的阴阳矛盾现象具有其必然性和合理性，因而总体上是好事而不是坏事。人类社会是一个由多要素、多层级、多功能等组成的高度复杂的有机系统，其中诸要素、层级和功能间都呈现出矛盾统一的关系，它们既相互依存，又相互对立，这种性状恰恰保证了社会的和谐发展和有序运行。试想，人类历史如果只有文明没有异化，那么，文明就会因为缺乏苦难的付出而趋于消亡；一个社会如果没有贫富贵贱的相对区分，那么，它就会因为绝对均平而堕入绝对贫困；人们的价值观如果只有一致而没有差异，那么，整个人类就会因为失去自由的个性而蜕变为动物；人类生活如果只有真善美而没有假恶丑，那么，真善美就会因为失去对立面而无从存在和进化。

由此可见，对于“事物有对立面是好事还是坏事”这个问题，也要具体分析和辩证对待，不能一概而论。

关于讲真话

课后，学生与师同行。师又开始让学生“写作业”了。

今天的“作业”是，老师希望学生做一个正直的人，一个不讲假话的人，一个追求真理的人，并就关于讲真话的问题向学生讲述了如下的观点：“我相信，人本性善（非纯善）。如果不是出于内外在的压力，世界上没有人愿意讲假话，而不讲真话。”

现在假话盛行，真话难觅，一定有其赖以存在的深层原因。

一是客观环境条件的影响。在一种特定的环境条件下，如果讲真话就会遭受危险，甚至有性命之虞，那么，绝大多数人就会只讲假话，不讲真话，以求自保。

二是个人利益的驱使。如果人们发现讲假话不但能免于恐惧，反而能获得好处，那么，人们就会争说假话，说好假话，好说假话，以便实现个人利益的最大化。

三是随大流心理的掩饰。其实，但凡心理健全的人，在其说假话的时候是不免有些内疚的。但是，如果大家都讲假话，而且不能不讲假话，那么，讲假话者就会心安理得，其内疚的心理顿然消失于无形。

四是思维定势的熏陶。如果一个人从小就生活在一个虚假的环境里，他周围的一切都是虚假的。人的心理是虚假的，表情是虚假的，语言是虚假的，行为是虚假的，文字是虚假的，书本是虚假的，集体是虚假的，于是，耳濡目染，久而久之，其本然的真实的本质就会发生异化，使自己成为这个虚假环境中的一分子，并有机地融入这种虚假的环境之中。

五是错误价值观的束缚。有些被错误价值观控制头脑的人，就会戴着变形的眼镜去观看这个世界的一切。于是，呈现在他眼里的一切都是被他的价值观所扭曲了的事物：白的变成了黑的，美的变成了丑的，好的变成了坏的，反之亦然。诚如孟子所言，这样的人即便“明足以察秋毫之末，而不见舆薪”（《孟子·梁惠王上》）。所以，持这种价值观的人就会与正常的思维反其道而行之，真假自然就以颠倒的形式表现出来。

假如一个人处在如此特殊的环境条件下，该如何自处以保持自己的一点良知呢？

要每个人像张志新、遇罗克、郑晓丹烈士那样，为坚守正直和追求真理而不惜牺牲生命，是不现实的。

让大家都学古代的庄子、长沮、桀溺，隐而不仕，自食其力，不与统治者合作，做一个官僚体制外的批判者，也是不可能的。

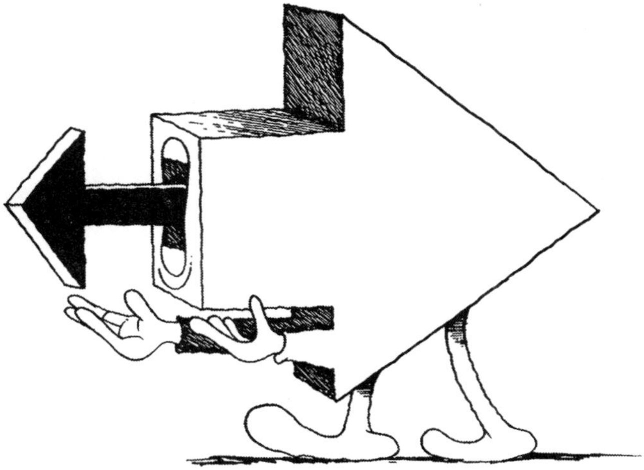

讲假话，是一种悲哀。即便你不敢讲真话，也要站在讲真话的人的后面，对其心存敬意；即便你不站在讲真话的人的后面，也不要站在其对立面，对其进行打压。

我们寄希望于大多数人的是，不做一个随波逐流的人，一个出卖良知的人，更不做一个为虎作伥的人，一个蓄意制假的人。

即便你不敢讲真话，也要站在讲真话的人的后面，对其心存敬意；即便你不站在讲真话的人的后面，也不要站在其对立面，对其进行打压！

大哲学家为什么也会犯错误

欧阳老师： 如果哲学是大觉悟、大智慧，为什么一些大哲学家如冯友兰先生在“文革”中干了一些傻事，没有体现出哲学家真正的大智慧、大觉悟呢？

左老师： 哲学家的大智慧主要表现在对宇宙人生这样的无限性和终极性问题的解答上。但是哲学家同时也是一个普通的人，是一个处在特定社会关系中现实的人。因此对于像冯友兰这样的大哲学家来说，我们也可以套用一句名言：“人所具有的，我都具有。”

大家知道，冯友兰先生在“文革”也遭受过批斗，被戴上了“资产阶级反动学术权威”“反共老手”的帽子，甚至被强制“劳教”。但是，他后来为了自保，写过一些违心的诗作，特别是加入“梁效”大批判写作班子后，发表了一些自我否定性的“批儒评法”的文章。对于这些作为，冯老先生在“文革”结束后是有所反思的。我个人认为，冯老先生在

“文革”中的表现有些确实过头了一点，是知识分子软弱性的表现。但是，在那种个人迷信盛行、革命高于一切、知识分子人人自危的特殊背景下，又有几个知识分子能奋起抗争呢？所以，我们不能苛求于那个时代的知识分子，只要不是罪大恶极，对于一般性的自保行为，应该予以谅解。

不过，发生在冯老先生身上的这些事，也向我们提出了一个值得反思的哲学问题：哲学既然是智慧之学，为什么像冯老先生这样的大哲学家也会犯一些低级性的错误呢？例如，在“文革”后期，许多有识之士对“四人帮”的倒行逆施已有所认识，真可谓“怒斥之声遍于城乡”，为什么一个大哲学家反而看不到呢？

实际上，这里涉及两个问题：一是认识到了而不敢说，缺乏理论勇气，甚至跟着别人说了一些违心的话，以求自保；二是严格地说这个哲学家，可能只是一个哲学史家，而不是真正的思想家，其对于历史的发展缺乏深刻的思想洞见。我认为，冯老先生这两个方面的原因都有，其中第一个方面的原因更多一些。

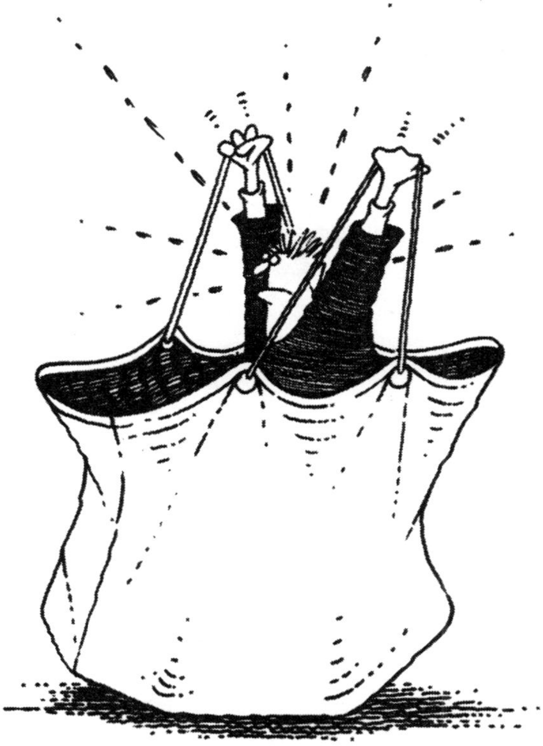

大哲学家，可能犯低级错误。不要苛责，因为他也是常人。许多时候，你有你的难处，他有他的局限。

“哲学不是什么” 能否用排除的方法进行论证

学生： 您对“哲学不是什么”的探讨分了四个方面，对这四个方面进行排除就能得出哲学是什么的结论吗？您觉得运用这种排除的方法适合于哲学这门学科吗？

老师： 若要问“哲学不是什么”这样的否定句式是否适合哲学的论证，我的回答是，不仅哲学而且一切其他的学科都可以运用这样否定的方法对其理论进行论证。其实，按黑格尔的说法，肯定就是否定，否定的就是肯定，当然，这是在一定的意义上说的。我肯定这个就是否定那个，我否定那个实际上就是肯定这个。我在这里讲“哲学不是什么”，其目的是为了从正面讲清楚“哲学是什么”；从否定的角度切入是为了得出一个肯定的结论，而不是为了否定而否定。

哲学是什么？这是一个很难的问题，实际上可以从两个方面来进行探讨。既要从肯定的角度了解哲学应该研究什么，

对哲学，既要从肯定的角度知道它应该研究什么，还要从否定的角度知道它不研究什么。如果一个人仅仅知道“哲学是什么”，不知道“哲学不是什么”，那么，其对哲学的认识还很不全面，因为他不知道哲学的边界在哪里。

还要从否定的角度了解哲学不研究什么，哪些领域是哲学研究的内容，哪些领域不是哲学研究的对象。如果一个人仅仅知道“哲学是什么”，不知道“哲学不是什么”，那么，其对哲学的认识还是很不全面的，因为他不知道哲学的边界在哪里。正如我们要了解一个人，如果只知道他会做什么，而不知道他不会做什么，那么，我对这个人的了解还是片面的。例如，你要了解我左亚文，如果仅知道我的研究专长是什么，而不知道我的学科盲区是什么，那么，对我的认识还是很不够的。从某种意义上讲，从一个否定的角度去界定一个事物的本质往往是更深刻的，这就是为什么黑格尔特别强调“否定性原则”的意义之所在。

由此可见，对哲学的认识需要从正反两个方面展开，而不是执其一端。

如何理解“实践”在经验层面的作用

学生： 后学有一个问题就是，如果说哲学本质是追求大智慧、大觉悟，而不是专门技艺、经验，那么如何理解“实践”在经验层面的作用呢？

老师： 大家知道，实践不仅在马克思主义哲学中具有基础性的作用，而且在中国哲学和西方哲学中都占有重要的地位。中国哲学讲知行关系，亦即认识和实践的关系。毛泽东在《实践论》中就直接把知和行的关系等同于与认识和实践的关系。《实践论》的副标题就是“论认识和实践的关系——知和行的关系”。知行关系是贯穿于中国哲学史的一条重要线索，是认识论在中国哲学中的集中反映。在这个问题上，最有代表性的几种观点是王夫之主张“行先知后”，朱熹强调“行重于知”，王阳明提倡“知行合一”。应该说，这些观点都看到了“行”即实践在人类认识中的重要作用。在西方哲学史上，最有代表性的是黑格尔，他把“实践的理念”作为“理念”的一个内在构成环节，并且认为“实践的理念”高于“认识的理念”，“因为这种观念不仅具有普遍东西的品格，而且具有单纯现实东西的品格”①。

但是，哲学上的范畴都具有普遍的抽象意义，按黑格尔的说法就是“纯概念”。“实践”范畴也是如此。所以，哲学上所讲的“实践”，不是特指某种具体的实践活动，如修桥的活动、建房的活动、种树的活动、浇园的活动等，而是人的一切具体活动的总和或总称。当然，哲学上的“实践”又把这些各式各样的具体实践活动包括专门的技艺活动以扬弃的形式包含在自身之内。

至于提到的“经验”概念，无疑，人类的实践活动是不能脱离感性经验的，“实践”与“认识”的不同之处就在于它始终是一种感性的活动，是主观见之于客观的活动，或者说，它是一种对象化的活动。哲学探讨人类的认识和实践活动，就是要揭示其本质规律，并提炼出一般的方法，尽管它不能教给人们专门的技艺和知识，但是，却能有效地指导人们更好地进行认识和实践活动。例如，对于如何搞好读书学习的问题，哲学就可以给你提供许多有益的启迪。它倡导学思结合、知行合一、循序渐进、潜移默化、博学审问、悟道明辨、学而不厌、诲人不倦、六经注我、我注六经等，这些都是指导我们读书学习的至理名言。

---

① 参见黑格尔：《逻辑学》下卷，商务印书馆1976年版，第523页；列宁：《哲学笔记》，人民出版社1974年版，第230页。

哲学上所讲的“实践”，不是特指某种具体的实践活动，而是人的一切具体活动的总和或总称。它是主观见之于客观的活动，是“知行合一”的过程。

这里顺便说一下，过去我们对“实践”的理解是狭隘的，必须根据时代的发展和要求对其进行重新诠释。改革之初的哲学教科书把“实践”界定为感性的物质性活动，并将“生产斗争、阶级斗争和科学实验”作为实践的三大基本形式。后来，我们对实践的三大基本形式作了新的表述，将其规定为“改造自然的生产活动、改造社会的管理活动以及科学实验活动”。近两年的哲学教科书又将实践的基本形式规定为“改造自然的活动、改造社会的活动以及科学文化活动”。现在看来，这种概括和表述仍然是不全面、不周延的。实际上，人类的一切对象化活动包括吃穿住行乐等活动，都应包含在实践的范畴之内。实践和人类的认识或思维活动的区别在于，前者是一种外显的对象化活动，后者是一种内隐的心理活动。因此，将“实践”等同于“劳动”“生产”等物质性活动，将对象化了的精神性活动、交往实践活动以及其他丰富多彩的日常生活活动排除在实践范畴之外是不恰当的，也是落后于时代发展要求的。

哲学家与凡人区别何在

学生： 既然大哲学家与凡俗之人一样，别人有的他都有，他就不能算是拥有了最大的智慧与觉悟。那么，哲学家与凡人的区别在哪里呢？

老师： 我认为，哲学家和凡人既有区别又没有区别。首先，哲学家与凡人还是有区别的。

哲学家一定是对于宇宙人生问题具有专门研究和独特见解的人。这里要特别说明一下，哲学家不是一般的哲学工作者。在我国，哲学工作者甚至哲学教授甚多，但真正称得上哲学家的却凤毛麟角。无疑，真正的哲学家一定是富有批判和创新精神的人，一定是对哲学的一些基本问题有特别深入的研究和独到见解的人，一定是在某一哲学流派中占有重要地位的人。这是一般的凡人或常人乃至一般哲学工作者所无法企及的。

哲学家一定是对于时代问题有深邃眼光和预见能力的人。

真正的哲学家会密切关注时代问题。借用黑格尔的说法，如果说像拿破仑这样伟大的政治家和军事家是“骑在马背上的绝对精神”的话，那么，哲学家应该是坐在书斋里的“绝对精神”。在重大的理论和实践问题特别是时代的根本问题上，哲学家一般都会有自己的独立思考并有一定的预见能力。

哲学家一定是对于人生有大觉悟的人。哲学家不一定是圣人，但是，其对人性和人生问题都会提出具有创造性的观点。无论是中国的孔子、孟子、荀子等，还是西方的康德、黑格尔和费尔巴哈等，都是如此。

但是，哲学家同时也是一个普通人、凡俗之人，他在许多方面同一般人并无什么区别。

第一，在一般的日常生活中，哲学家和常人一样，并非不食人间烟火的怪物，人所具有的他都具有，人该做的他都会去做。尽管有些哲学家性格怪僻，如德谟克利特的古怪、苏格拉底的邋遢、叔本华的吝啬、尼采的疯癫等，但这些并不具有普遍性。

第二，哲学家的道德水平并不都比常人高。我们说哲学家对于宇宙人生都有所彻悟，但知与行是有矛盾的，知了不一定能行。由于种种主客观方面的原因，一些大哲学家也会做出有违道德良知的事来，这样的例子不胜枚举。

第三，哲学家不一定比常人聪明。我曾说过，把哲学说成是聪明之学，是不准确的。在现实生活中，一些哲学家看上去不仅不聪明，往往还显得笨拙、怪异。哲学家的智慧不一定表现在日常生活上，而是主要表现在对于一些普遍性、抽象性问题的看法上。

哲学家固然是凡人、常人，却是掌握了一定哲学智慧的凡人、常人。他总是站在智慧的高处。

总之，哲学家既不是高居于凡俗之上的神，也不是古灵精怪的妖；既不能把他们神秘化，也不能把他们妖魔化。他就是一个凡人、常人，但是一个掌握了一定哲学智慧的凡人、常人。

如何打通哲学与生活的通道

学生： 老师，我想请问，如何打通哲学与生活的通道？

老师： 我1978年入武汉大学哲学系学习，本科毕业后，接着读研究生，1985年毕业。先后在省委党校和高校从事哲学教学和研究至今。在进入哲学教研领域一个相当长的阶段内，我对抽象的哲学思辨究竟有何意义，其与现实生活的联系在哪里等问题，感到十分困惑。直到50岁后，我才真正找到了哲学与现实衔接的通道，并真正感受到了哲学的意义和乐趣。

那么，连接哲学与生活的通道在哪里？哲学与生活的关系又是怎样的呢？我的体悟是，哲学既不是生活的简单反映，也不是凌驾于生活之上的神圣教条，而是源于生活又超越于生活的一种终极本体的“揭秘”。哲学的真正意义和魅力就在于揭示“百姓日用而不知”的现象背后的真实本质，从而使人大开眼界、大长见识。例如，孔子提出的“中庸之道”就是如此。一般理智健全的人都知道，什么事情过量都不好，如过量饮酒、过量饮食、过度劳累、过度悲伤等，都会有害身心。但人们对这个问题的认识往往局限在一些细小的个别的经验事实上，而不知道它是一个普遍的社会规律，更不可能知道其发生的内在机理。而孔子却发现了这个秘密。他在两千多年前就认识到，任何事物都有左右两端，如果超过了右端或达不到左端，事物都会向反而转化。例如勇敢，本来是一种美德，但如果超过了右端这个度量线，就为鲁莽；如果达不到左端这个度量线，就为懦弱。孔子说："恭而无礼则劳，慎而无礼则葸，勇而无礼则乱，直而无礼则绞。"（《论语·泰伯篇》）真、善、美也是如此，超过了一定的限度，也会向反而转化。所以，孔子教导人们要持中、守中、用中，即"执其两端而用中"。可见，孔子的"中庸之道"就阐发了"百姓日用而不知"的义理。其他哲学的观点、原理都是如此，只要其揭示了百姓日用经验背后的深层本质，就会给人以深刻的启迪，从而成为人们日常生活的向导。

现在，有些人做哲学研究，通常容易犯这样两种倾向性的错误，一是将哲学看成是生活经验的简单总结和直观反映，把一些不言而喻的经验知识也当成哲学，从而把哲学智慧平庸化；二是耽于纯粹的抽象思辨，而不能"落地"于粗糙的尘世生活，从而把哲学智慧变成一种自娱自乐的游戏。

由此可见，凡真正的哲学智慧，而不是那些渗透在现行哲学教科书中的大量非哲学的观点，都是源于生活，又高于生活，最终又服务于生活的。从经验生活出发，通过哲学抽象揭明事物的真实本质，最后又回归经验生活，如此循环往

从经验生活出发，通过哲学抽象揭明事物的真实本质，最后又回归经验生活，如此循环往复，以至无穷，这就是哲学与生活紧密相连的一条川流不息的通道，也是哲学永葆其美妙青春和迷人魅力的奥秘之所在。

复，以至无穷，这就是哲学与生活紧密相连的一条川流不息的通道，也是哲学永葆其美妙青春和迷人魅力的奥秘之所在。

哲学智慧要如何回归“百姓日用”的经验生活并为其服务呢

学生： 请问老师，哲学智慧要如何回归“百姓日用”的经验生活并为其服务呢？

老师： 我提出了一个观点，认为哲学智慧与经验知识的关系是一个三段式，即：哲学源于经验生活，这是第一个阶段，为肯定的阶段；超越经验生活阐明隐含于其中的终极本质，这是第二个阶段，为否定的阶段；回归“百姓日用”的经验生活并为其服务，这是第三个阶段，为否定之否定阶段。

在这三个阶段中，最关键的是第三个阶段，即回归百姓生活，使抽象的哲学智慧能够最终“着陆”“落地”。我经常讲，哲学既要“上天”，又要“入地”。所谓“上天”，就是要寻根究底，进行高度抽象，直跃思辨的云端。所谓“入地”，就是要从抽象的云雾中降落到苦难的尘世，还原其现实本质，发挥其实践效能。

问题在于，如何能够顺利实现哲学智慧的“软着陆”并有效发挥其服务百姓日常生活的功能呢?

首先，要透彻理解哲学抽象的思想实质和深刻意蕴。凡哲学研究，都需抽象思辨。一篇文章或一部著作的学理性和学术性，就表现在其抽象思辨的层次上，层次越高，则学理越强。然而，抽象绝不是出于个人的思辨兴趣，更不是要展示自己高超的思辨水平，而是为了认识和把握事物的内在本质和一般规律。而事物的内在本质和一般规律才是事物的本真存在和现实状况。因此，越是抽象的东西，就是越接近本质的东西，因而是更现实的东西。这就要求我们进行抽象思辨时，一定要紧紧把握住事物现实本质这个内核，在抽象上升的同时实现本质的回归。正如黑格尔所阐明的，抽象是一个前进与回复相统一的过程，我们不能人为地把二者割裂开来。

其次，要自觉地阐明哲学抽象和现实生活的接合点。无论你是撰写著作或论文，在行文中或最后部分都要用深入浅出的方式论述哲学抽象所包含的现实内涵，点明其与现实生活的交合处和连接点。那种认为哲学就是一种抽象思辨，从抽象始到抽象终，只管抽象不问现实的观点和做法，实际上是对哲学抽象的一种误解和背离。

哲学最重要的是要从抽象的高空降落到波澜的尘世，还原其现实的本质，发挥其实践的效能。

为何阴阳是一个东西而不是两个东西

学生： 老师，请问《易经》讲阴阳，那么，阴阳是一个东西还是两个东西呢？

老师： 阴阳是一个东西，怎么是两个东西呢？它是指一个东西里面包含的两个方面，如人性中的善恶，一个社会有机体中的道德与法律、政治与经济、民主与法制、内政与外交等。从表面上看，两个外在性的东西如道德与法律等，如果从其内在联系来看，如果将其放在一个有机体里面的话，它们就会构成阴阳关系。

学生： 它们也可以说是两个东西，也可以说是一个东西吧，怎么不可以说是两个东西呢？例如，在现实生活中，法律就是法律，道德就是道德，这两个东西是有区别的，而且分属于不同的领域。

老师： 确实，在现实社会中，道德和法律都有其相对的独立性，可以作为两个不同的东西来看。如果作为两个不同东西来看的话，它们各自又有其内在的阴阳矛盾，如道德的内在矛盾是利与义，法律的内在矛盾是罪与非罪。但它们又存在着内在的阴阳矛盾关系，法律的内涵就是道德，因而二者在内在关联上又构成一对阴阳矛盾关系。因此，准确地说，当我们说到阴阳关系的时候，说的是一个东西里面的两个方面、两种要素、两重属性等。

学生： 通常说，男为阳，女为阴，天为阳，地为阴，它们也是一个东西吗？

老师： 男为阳，女为阴。表面看是两个人、两个事物，但把他们放在一个有机体内，就会发生阴阳关系。走在大街上，看到两个陌生的男人与女人，他们当然不构成阴阳关系。只有发生内在关联了，或成为朋友，或成为师生，或成为夫妻，才有阴阳关系的问题。例如，夫妻二人，未结合前，是两个东西；结合后，就成了两个方面，性质就变了，那个男人成了夫，那个女人成了妻。再说，天与地，相隔天壤。但在宇宙中，不，在地球这个生态系统中，它就成了一个有着内在关联的阴阳体。

学生： 你说的阴阳必须放在某种关系之中去看吗？

老师： 是的。阴阳必须放在一种内在的关系中看。两个没有内在关联的事物是不能构成阴阳关系的，如黑格尔所说的骆驼与钢笔、恩格斯所说的哺乳动物的乳腺与鞋刷子，一地鸡毛，一片瓦砾堆，它们之间没有内有联系，就不构成阴阳关系。

学生： 那么，为什么要把阴阳放在一个事物中，才能加以观照呢？

老师： 那是因为只有这样，才能认清事物的本质。如果把阴阳只看作两个外在的事物，我们至多只能对其进行比较，得出对其差异的认识，而不能进入到对其本质的认识。黑格尔在谈到“矛盾”这个范畴时，就具体论述了人类的认识过程。他指出，人们对一个事物的认识，在初始时只是区分其与其他事物的差别；进而才对其进行比较，认识其同中之异和异中之同；最后才进入到事物内部，认识其内在的矛盾关系。只有达到了这种认识，才算是一种思想的智慧。

老师： 例如，我要认识张恒赫同学，仅仅把他与其他人相比较，是不够的，需要走到他内心里面，去认识他的内在本质，包括知、情、意等的阴阳矛盾关系，才能把握他的内在心灵和本质特性。

学生： 对于阴中有阳、阳中有阴、阴阳和合的观点又应如何理解呢？还有，阳可以转化为阴，阴又可以转化为阳，阴阳是变化的，那怎么去认清事物的本质，从“变”中找到“常”呢？

老师： 至于事物内在的阴阳关系，一方面，它们是相互渗透的，阴中有阳，阳中有阴，如一个人的优点中包含缺点，缺点中包含优点；另一方面，它们又是相互转化的，优点可转化为缺点，同样缺点也可以转化为优点，长处可以变为短处，短处可以变为长处。又以张恒赫为例，他无疑是变化的、发展的。这种变化发展表现在各个方面，如外表外形、职务职称、生活水平、家庭状况、能力素质等。但不管怎样变化，其中内在本质性的东西是不变的，如为人处世的基本原则、人的本质特点等。这就是变中之“常”。辩证法关键就是要把

阴阳必须放在一种内有的关系中来认识。两个没有内在关联的事物是不能构成阴阳关系的。阴阳相互作用与渗透，带来一切的变化与发展。

握这个“变”中之“常”，而不是停留在“变”上面。

学生： 我看中国人的智慧就在这里。

老师： 不仅中国人的智慧在这里，西方人的智慧也在这里。东西方在这个问题上是想到一起了。这是因为人在本质上就是一个有智慧的存在物，所以，最终都要走向哲学的智慧。

为什么《周易》在中华文化的生成和发展中影响至巨且经久不衰

学生： 为什么《周易》在中华文化的生成和发展中影响至巨且经久不衰?”

老师：《周易》被称为群经之首、大道之源，在中华文化的传承和发展中发挥了至关重要的作用。这种作用贯穿于上下五千年文明发展的始终，反映在政治、经济、文化和社会生活的一切方面，特别是其培养了中华民族的辩证思维，有效地提高了整个民族的文化思想素质，是当之无愧的一部奇书宝典。

为什么《周易》在中华文化的发展中发挥了如此重大的作用，我想主要有三个方面的原因：

其一，它最早提出了阴阳辩证的思维。《周易》这部书的起源非常古老久远。传说伏羲作八卦，文王演周易，其间经历了数千余之久。据传夏有《连山》、商有《归藏》，《周易》

在此基础上逐渐得以形成。《周易》的精髓是阴阳辩证思想。人类在没有发明文字之前，古人就从日常的生活经验中逐渐认识到了阴阳辩证的道理，并创造性地运用阴爻和阳爻这样的符号来反映宇宙间的阴阳辩证关系。如果要谈人类的创造发明的话，那么，中国古人的这一伟大发现和发明是无与伦比的。因为它第一次发现了整个宇宙世界的终极奥秘，至于人类迄今为止的所有科技发展不过是人类辩证思维的衍生而已。

《周易》(包括经与传）的最终形成使之初步构建了一个阴阳辩证法的系统。它的形成深刻地影响了整个中华文化的发展和文明的进步。无论是后来圣贤所作的经史子集，还是君王们所制定的典章制度，以及人民群众的日用生活，都受到阴阳辩证思想潜移默化的影响，可以说，中国人的一切思想活动都无法逃出这种思想的范畴。正如现代的一位文化学者所说的，中国人吃阴阳五行，喝阴阳五行，穿阴阳五行，行阴阳五行，生死祸福都在阴阳五行之中。

其二，以孔子为代表的儒家以传注经对《周易》的流传影响重大。传说孔子赞《周易》，是为《易传》（其实非孔子一人所作)。这就等于给《周易》安上了一双翅膀，使之能够腾飞起来。特别是这些儒士们巧妙地将阴阳辩证的思想与人的伦理道德相结合，从而在主客体之间架设了一座天人相通的桥梁。因此，《易传》的创作，不仅使《周易》原有的阴阳辩证思想得到了大大的阐扬，而且使其更加贴近人们的现实生活。

其三，《周易》作为一部占卜之书在民间始终发挥着预测

《周易》最早提出了阴阳辩证的思维。它第一次发现了整个宇宙世界的终极奥秘。它的形成深刻地影响了整个中华文化的发展和文明的进步。

的作用。在历代，无论文人雅士，还是市井庶民，热衷于筮占者，大有其人。及至今日，易占之风，仍大行其道。“善易者不占也。”占卜，无疑具有神秘的性质，不宜提倡。但是，从另外一个方面讲，当人们面临两难抉择时，诉之于卦，对于辩证地判断形势，决难释疑，也会发挥一定的参考作用。问题在于解卦者一定要通晓义理、辩证决断。

正是由于上述原因，使得《周易》的影响经久不衰、延绵不绝。而且，可以预料的是，随着时代的发展和辩证思维研究的深入，《周易》的思想价值特别是其阴阳辩证思想不但不会过时，而且会日益彰显。

什么是信仰

学生： 现在，大家都在谈信仰危机的问题。但大多数人并不知道信仰是什么，请老师为我们解答一下究竟什么是信仰?

老师： 何为信仰?顾名思义，它是指人们对于一个理想对象所持有的一种坚贞的确信、无限的敬仰和执着的追寻。信仰作为人的思想意识的最高形式，它给人们提供得以安顿的精神家园，使人们恐惧不安的心灵得以平复，漂泊不定的思想得到栖息。它赋予人的生命以永恒的意义和不朽的价值，使人性和人的本质得到了最集中和最高度的显扬。由于信仰是对现实理性的一种绝对超越，并在这种超越中把人的思想引向那未来的“不可知”的事物，因而它必然要通过将所信仰之物予以神圣化甚至通过神秘化的心理体验表现出来。

第一，信仰是人的最高层次的需要。根据马斯洛的五层次需求理论，人的需要从低到高分别是生存需要、安全需要、社会交往需要、社会尊重需要和自我实现需要。前两个需要属于物质性的需要，后三个需要属于精神性的需要。精神性需要也有低高级之分，其中社会交往是较为低层级的精神需求，社会尊重是中层级的精神需求，求知求美等自我实现是高层级的精神需求，而信仰则是最高层级的精神需求。因此可以说，信仰作为最高级的精神需求，属于精神形态或思想意识的最高形式。

第二，信仰所指向的是最高的理想对象。人的理想对象有很多，金钱、美女、权力、职称、名誉、享受等，都可以是人的理想之物。但信仰所指的不是这些，它的指向比这些更为高级、更为有价值。那么，这种东西是什么呢？它必须是具有无限的和不朽的价值的东西。前面所讲的金钱、美女、权力等这些东西固然是有价值的，但这些价值是可以计量的，因而是有限的价值。而信仰的对象，其价值则是无限的和不朽的。如宗教信徒所追求的灵魂不死、死后进天堂等；儒家所提出的“立德、立功、立言”（《左传·襄公二十四年》）之“三不朽”精神，就属于信仰所追求的具有无限超越价值的对象物。

第三，信仰是人们的一种终极关怀和终极追求。但凡一个理智正常的人，都有终极关怀和终极追求，只是由于知识素养的不同而有清晰和模糊、自觉和自发、系统和零散的区别罢了。一般来说，知识分子大多有较为清晰、自觉和系统的信仰意识，而一般民众的信仰则较为模糊和零散。但即使是乡下没有文化的老大娘和老大爷也几乎本能地具有这样的意识。现在乡下不少老大娘和老大爷初一、十五都要到庙里去烧香、聚会，一些信奉天主教或基督教的人礼拜天则要到教堂里去做礼拜，他们到那里去固然也有求财、求福、求健康的愿望，但都希冀通过烧香拜佛或皈依宗教使自己死后能进天堂。一个不信神的农民其实也是有信仰的。他之所以一辈子含辛茹苦、勤耕苦作，就是为了培育子女，使自己的家庭兴旺发达、世代延绵，从而使自己的生命融入到家族繁衍和发展的无限长河之中。这也许就是一种支撑着他的全部精神生命的超越性信仰。

具体来说，人的终极关怀和终极追求表现在三个方面：一是个人的终极价值，二是社会的终极理想，三是宇宙的终极解答。

首先是个人的终极价值。所谓终极价值，也就是无限价值，亦即不朽的价值。所有一切世俗的价值包括财富、权力等，其价值都是有限的、最终归于消亡的。所以，信仰之于价值，所关涉的不是当下的占有而是遥远的未来，不是个人的享用而是长久的功业。在本质上，信仰所指向的是死后价值不朽和灵魂得救的问题。

无疑，人的肉体不可能永存，但是精神可以不朽。人生在世，可以通过自己的作为，即“立德、立功、立言”（《左传·襄公二十四年》），使自己的德行、功业和著述在自己的身后永久地发挥作用，从而达到社会价值的不朽。一个信仰宗教的人虔诚地相信通过自己生前的善行修为能使自己的灵魂在死后得救，从而入天堂、得永生。这种对于不朽的追求就是个人的终极价值指向。

其次是社会的终极理想。人的理想可以分为三个层次：

一是职业理想，二是社会理想，三是最高理想。最高理想所指向的是一个完满无缺、尽善尽美的社会状况，尽管这一状况在现实世界中也许永远也不可能实现，但是它却寄托了人们对于人类社会发展的一种无限美好的愿望和不懈的终极追求。

最后是宇宙的终极解答。在人类的终极关怀和终极追求中，探寻宇宙的终极解答属于信仰的最高层面。实证科学无法承担这样的重任，它们甚至不会提出这样的问题。只有哲学和宗教，它们才会义不容辞地担负起这样的使命。尽管哲学和宗教解答这个问题的路径不同，但是，它们都力图通过自己的方式证明我们生存于其中的这个世界是合理的、合法的和合乎规律的，因而在总体上是和谐且均衡的。这就给了我们一个心理上的安全保障，使人们惶恐不安的心魂得以安顿，疑惑不定的精神得以栖息。

第四，信仰具有崇高性和神圣感。由于信仰处于社会思想意识的最高层次，并且关涉人的终极追求、最高理想和不朽价值，因而反映了人们所向往的那种尽善尽美、至高无上的极化胜境。这样的信仰在心理体验上必然产生一种崇高感、神圣感和敬畏感，使人在不知不觉中升华到一个伟大的精神境界之上。

从我个人来说，是到了 50 多岁之后，才找到了自己真正的信仰。我信奉儒家的“三不朽”精神。作为一名学者，首先要“立德”，做一个有道德的人，这是做人做事的前提。其次要“立功”，尽其所能地为人民做好事，为社会尽绵力。最后要“立言”，力求写出好的文章，以便能流传后世。每天早

信仰，是指人们对于一个理想对象所持有的一种坚贞的确信、无限的敬仰和执着的追寻。

晨，当我睁开眼睛起床的时候，我就会不由自主地问自己一个问题：我活的意义究竟是什么？人活着要吃饭，但吃饭不是为了活着。对于我来说，我活着的根本意义在于为天地和生民“立言”，以求其不朽也。我不相信人的肉体会复活，但思想和精神却可以永存。

当一个人找到了自己的信仰之后，他的灵魂也就有了安顿之所，因而他就会感受到人生的真正幸福。这种幸福不是任何感性的享受能与之相比的，它是一种至高无上的形上之福、极乐之境。一个没有信仰的人，即便吃尽人间美味，享尽人间奢华，也与动物无异，不可能感受到人作为人的幸福。唯有信仰，才能带领你超越一切肉体的快乐和世俗的繁华，而使其生命价值达到不朽也。

凡无新话新意，哲学应该止步；凡无个人所得，哲学理当缄默

学生： 老师，你曾强调，凡无新话新意，哲学应该止步；凡无个人所得，哲学理当缄默。您能否再具体地给我们讲讲这个观点。

老师： 可以。哲学这个学科很特殊，这就是它的每个从业者甚至参与者，在每个问题上，都必须有自己的独特见解，至少应有自己的个人所得。如果只是一味地介绍、宣传、诠释别人的观点，而无自己的见地，那就不是真正的哲学探讨，最多只能称为译介。这里所说的“译介”，既包括翻译西方哲学著作，也包括把中国古代哲学经典译成白话文，以及原原本本地向学生讲解这些著作或其他哲学家的思想。

学生： 译介中西方的哲学著作和讲解别人的哲学思想，不也是一种研究吗？

老师： 当然，讲解古代或现代哲学家及其流派的思想也是一种研究，而且在一定的意义上，翻译也是一种研究，但

严格地说，这不是一种真正的、完全意义上的哲学研究。即便你从事哲学史研究或翻译工作，你也不能仅仅停留在简单介绍或文字转换上，还应该对其思想提出自己的看法，而且这些看法必须具有一定的新意，而不是简单地赞同别人的观点。学界有这样一种说法，一篇关于哲学史的文章至少应该三七开，其中七分是考释，三分是评述。没有评述且无新意的哲学史论文不是真正的学术论文。

学生： 其他社会科学如经济学、法学、政治学、社会学等的研究不是同样需要有新的观点和新的思想吗?

老师： 可以说，在要有新话新意上，人文科学、社会科学以及自然科学都是一样的。凡科学文化产品的创造，如无新意是没有任何价值的。

但这些学科与哲学相比，仍然有所不同。以经济学、法学、政治学、社会学为例，这些学科中有相当一部分具有实证知识的性质，如经济学中的数理研究、社会学中的统计调查、法学中法律条文的解析等。哲学却与之有别，可以说，所有哲学研究的内容，乃至其所使用的概念、范畴等，都是非知识和非实证性的，因而都是有争论的。甚至使用同一概念的哲学家，其对概念的理解也是大相径庭的。

我们常说："哲学无定论。"其实，社会科学乃至自然科学中的一些问题也是没有定论的。但是，只有哲学的"无定论"是全方位、全覆盖的。在哲学中，没有一个问题是可以有"定论的"。凡有"定论"的问题，就会立即归到实证的具体科学那里去。

正因为哲学研究的所有问题都是非知识、非实证因而是没有“定论”的，这就从根本上决定了哲学研究实质是一个不断“提问”的过程。它所注重的不是答案，而是问题。当然，哲学也要释疑解惑，但其目的仍然是为了在解答旧的问题上提出新的问题，从而引人深思。

哲学研究的这种特点必然要求研究者具有强烈的问题意识、批判精神和创新思想。凡提不出新问题，说不出新观点，缺乏批判精神的，不但不是哲学研究，甚至都算不上哲学话语。

真正的哲学研究必须自始至终都贯彻着批判和创新的精神。它的主观点和重要命题以及整个话语风格，都必须洋溢着这种精神。当然，我们不可能要求一篇文章或一次讲话，每一句话都有新意，那是不可能的，但是，其中的主要内容和重要观点应该而且必须有自己的独到见解。

我经常讲，什么是哲学？尽管我们可以给它下很多定义，但归根结底，它是一种能力，这种能力就是在每个问题上都能发表与众不同的见解。当然，这里所说的“每个问题”是与哲学有关的问题，或自己熟悉的问题。有些问题并不属于哲学所要研究的内容，如生活工作中的问题、对某一社会问题的看法等，哲学一旦介入，都应能发表自己独特的且发人深省的观点，使别人一看，就感到哲学确实与众不同，其对问题的看法就是要深刻些、深入些。不深刻不是哲学，哲学就是一种终极向度，一种寻根究底的学问，因而也可以说它就是一种深刻。

所以，凡从事哲学研究的人，都要养成一种思维习惯，这就是寻根究底的习惯，就是追求深刻的习惯，就是在每个问题上都能发表独特见解的习惯。如果我们平时注意养成这种思维习惯，并不断地提高自己的这种能力，日积月累，久久为功，你的这种哲学思维方式也就养成了，这种哲学思维的能力也就提高了。

哲学研究必须自始至终都贯彻着批判和创新的精神。它的主要观点和重要命题以及整个话语风格，都必须洋溢着这种精神。它总是显示出独到的气质。

哲学就是深刻

学生： 您讲到，“哲学就是深刻”，如何理解这句话的含义？

老师： 具体地说，这句话包含三层意思，哲学就是深刻，哲学必须深刻；无深刻则无哲学，有深刻不一定有哲学；深刻离不开哲学，离开哲学则无真正的深刻。

首先，哲学就是深刻，哲学必须深刻。哲学是干什么的？哲学就是追求深刻的，就是使人深刻的。其他科学包括社会科学和自然科学也追求深刻，但是，它们的“深刻”不仅所指向的对象是特殊的和个别的，而且其“深刻”的层次是确定的和有限的。例如，物理学所研究的是物质结构理论等，所探讨的是关于原子和基本粒子的内部构成等，它不会提出物质的“终极本原”问题。而哲学则要在已有科学成果的基础上，进一步提出整个物质世界的终极本质和构成要素的问题。再如，经济学要研究社会经济发展的规律，这种规律在整个社会中不仅属于特殊的规律，而且其对规律本质层次的认识也是有限的和确定的。而哲学则不同，在社会历史领域内，它要研究整个人类历史发展的普遍规律，进而要研究整个世界的一般发展规律；而且其对规律本质层次的认识是终极的和不确定的。

就人类对事物的认识来说，越是具有普遍性的，就越是深刻的。人类的眼睛所看到的东西十分有限，它只能看到浮在外面的表象，藏在表象后面的本质却看不见、摸不着，只能用思想的眼睛去观照。思想的“观照”是通过抽象进行的。所谓抽象，就是抽取事物的共同点而舍弃其非本质的属性。显然，这种抽象程度越高、越普遍，对事物本质认识就越深刻、越深入。例如，对一个人的本质认识就是这样。其对某个人表现在外的行为活动认识得越全面越具体，则对其本质的认识就越深刻越深入。

而真正哲学的认识在其深刻性上是终极的和至上的。如果说其他科学对事物本质认识的深刻程度还是有限的和非至上的话，那么，哲学所追求的深刻性却因其具有终极和至上的意义而深不见底、深不可测。因此，对于哲学来说，其深刻性所指向的对象永远都不可能是一个不动不变的定在，而是一个不定的客观理念。例如，一棵树的终极颜色究竟是什么？实际上，它不可能是一个固定的实体，而是一种客观要素的概念。我们永远不可能“捕捉”到这个要素，因为它本身并不是一个独立的实存，而是一个随着光线环境和感受器改变而改变的东西，它以无限多样变身的形式存在于不同的客观环境和主观感知之中。对于这种终极本质，人类的认识只能以一种抽象概念的形式提炼出来。要真正把握这种深不可测的终极本质，只能是人类认识的一种永无止境的追求，它存在于人的延绵不绝的认识过程之中。

因此，哲学本身就是一种深刻，就是对深不可测的本质所作的一种深刻的理性思考和猜测；而且，哲学必须作这样的思考和猜测，才能称为哲学。

其次，无深刻则无哲学，有深刻不一定有哲学。对于其他科学来说，现象的描述有时是必要的，确定的和实证的研究则是必需的。但是，由于哲学所直面的是那些具有无限性质的对象和事物的终极本质，所以，它必须处处深刻、时时深刻，且直达事物本质的最深层，及至终极而后止。可以说，有深刻不一定有哲学，无深刻则一定没有哲学。这是因为一般的深刻、有限的深刻、确定的深刻，都不能称为哲学的深刻；若无深刻则无论如何都不能称为哲学，甚至不能称为一般的科学。

再次，深刻离不开哲学，离开哲学则无真正的深刻。欲把握事物的终极本质，离开哲学是寸步难行的。如何看待事物的终极本质？终极本质与现实本质是什么样的关系？以什么样的方式和通过什么样的路径获得事物的终极本质？什么是哲学的抽象思维？哲学的抽象思维与一般的抽象思维是一种什么样的关系？要回答这些问题，没有哲学的帮助是不可能的。

也许有一些从事自然科学和具体社会科学的人士对此不以为然。他们会说，我不懂什么哲学，但却做出了重大的科学发现，取得了重大的科学成果。这种现象如何解释呢？对

对于绝大多数人来说，是不是因为不能成为哲学家就不需要提高自己的抽象思维能力而使自己的思想变得更深刻呢？当然不是。只要付诸努力，每个人都能得到一个智慧的世界。

此，恩格斯在《自然辩证法》中作了具体的分析。他指出，不管是自然科学研究还是社会科学研究，都离不开哲学的指导，问题在于受什么样的哲学的指导，是受某种庸俗的最坏的哲学的指导，还是受一种建立在通晓思维的历史和成就的基础上的哲学思维的指导。实际上任何一个从事科学研究的人都会自觉不自觉地受某一种哲学思维的支配。一个没有专门学过哲学的人，不等于没有哲学思维，更何况是一个有学养的科学家或某一社会科学的大家。无论从历史还是现实的状况看，大凡学有所成的大师大家几乎无一例外都是哲学家，物理学领域的牛顿、爱因斯坦，经济学领域的亚当·斯密、大卫·李嘉图，历史学领域的司马迁、班固，等等，都是如此。

如何使你的思想变得更深刻

学生： 您谈道，“哲学就是追求深刻的，就是使人深刻的。”那么，哲学是如何使一个人的思想变得更深刻的呢？

老师： 我提出“哲学就是深刻”这个命题，主要是从哲学本身的性质来讲的。考察一下中西方哲学史就可知道，真正的哲学思想都是很深刻的。凡在哲学史上留名的哲学家，其思想理论都十分深厚，都为人类哲学史的发展作出了贡献，因而才能永载史册。

但哲学家毕竟只是少数，正如柏拉图所说，尽管每个人都能谈论哲学，但不是每个人都能成为哲学家。

那么，对于绝大多数人来说，是不是因为不能成为哲学家就不需要提高自己的抽象思维能力并使自己的思想变得更深刻呢？

当然不是。即便是一个普遍的老百姓，也要学习、工作、生活，要与这个复杂的社会打交道，要接触这个国家乃至世界的经济、政治和文化，要思考人生的价值、意义、命运、信仰等问题，这些都需要我们具备一定的较为深刻地观察问题和分析问题的能力，才能适应现代社会的发展。

具体地说，提高人的思维能力以使其思想更深刻的方法和路径很多，主要有如下几条：

其一，研读中西哲学史，重在读懂原著。这里我要再次引用恩格斯的一段话："理论思维仅仅是一种天赋的能力。这种能力必须加以发展和锻炼，而为了进行这种锻炼，除了学习以往的哲学，直到现在还没有别的手段。"① 从哲学学习的规律来看，哲学的研习应从哲学史入手，然后再到一般的哲学概论。而哲学概论不过是哲学史的一种理论总结和反思而已。

然而，我国现行的哲学教学却是逆向而行的，先学哲学的一般概论，再学哲学史。而一般的哲学概论又离开哲学史而讲授一种类似实证科学的哲学知识。这种割裂哲学史和哲学原理并将哲学原理知识化的倾向，是不能有效地锻炼和提高人们的理论水平从而使其思想变得更深刻的。

学习哲学史，重在读懂经典。只看哲学史通论而不读经典是不行的。哲学经典是人类文明成果在思想上的集中反映，是时代精神精华的高度结晶。它以理论思辨的形式表现出来，语言往往晦涩难懂，且思想高度抽象，不下一番苦功反复研读是很难看懂的。正因为如此，阅读哲学经典的过程，也就是一个积极地开动脑筋的过程，一个有效地磨炼理论思维的

① 恩格斯：《自然辩证法》，人民出版社1971年版，第27页。

过程。一本哲学经典在手，当你刚开始阅读时，大多读不懂。但反复研读、专心思考或请教老师后，最终能全部读懂了。这一过程就生动地证明了你的理论水平和思辨能力的提高。试想一下，如果一个人能读懂100本左右的哲学经典，特别是能读懂像康德、黑格尔、海德格尔撰写的作品以及《周易》《老子》《庄子》等这样公认的难懂的著作，其理论思辨力就不可小觑了。一个人有了这样的思辨力，其思想想不深刻都难了。

其二，学好历史、文学，兼涉其他社会科学。实践证明，如果一个人单纯地研究哲学，脱离其他知识的积淀，也是难以学好哲学的。我们常说，哲学是自然科学、社会科学和思维科学的概括和总结，尽管这句话说得不甚准确，但它却说明了哲学是不能离开人类既有知识成果这个基础的。没有一定的人文基础和知识积淀，哲学就等于建立在一片没有根基的沙滩上，当然是不坚实、不牢靠的。现代自然科学和社会科学高度分化和专业化，其自然科学的分类就有5000多种，其人文社会科学的分类估计也在千种以上，一个人要懂得这么多的知识是不可能的。我的理解是，要真正提高思维水平，重点是学好历史和文学，再兼涉一两门具体社会科学，对于其他学科只能根据需要作一般性的了解。这对于专门从事哲学研究的人来说尤为重要。

文史哲是相通的。文学和历史离不开哲学，哲学也离不开文学和历史。例如，你要研究历史哲学，却不懂历史和文学，那该如何去研究？离开历史、文学、社会学等去思考人类社会发展的一般规律，去研究当今时代的时代精神，也就只能在一个十分空虚和贫乏的想象世界里作纯主观的逻辑推演，通常这样的研究肯定是没有历史深度和现实力度的。

哲学是博学，没有较为广博的学术视野，是难以在这个领域有所成就、有所深入的。博才能专，专才能精、精才能深、深才能得，这是一个不可背离的学术规律。

其三，养成寻根究底地思考问题的习惯，倡导求异性思维。“罗马不是一天建成的。”一个思想深刻的人，并不是天生的，也不是灵感乍现的结果，而是长久的养成和自我造就。一般来说，一个思想深刻的人，一定是一个喜欢寻根究底的人，一个具有求异性思维的人。思想的深刻源于思维的发散和终极沉思。但凡思维活跃、视野开阔的人，寻根究底于终极问题的人，对什么问题都要问一个为什么的人，不轻易苟同别人喜发异见的人，其思想必定是较为深刻的。所以，注重平时的积淀和养成，对于提升思想的深刻性是十分重要的。

其四，学会逻辑思维，逻辑使你深刻。一般认为，逻辑只是一种思维的外在形式，似乎无关乎思想的内涵。其实并非如此。形式和内容有时是分不开的，形式往往就是内容。例如，逻辑思维似乎是指思维的一种方法和程序，但这种方法和程序难道不也是一种内容吗？而且，欲使思想深刻，直抵事物的堂奥，你就必须遵循一定的逻辑规程，方可达到目的，正如登山，你只有找到正确的路径，才能达到顶点一样。所以，学会逻辑思维，养成逻辑思维和明确表达思想的习惯，也是提升你的思维能力和思想深刻性的必要路径。

哲学就是抽象、就是深刻。所谓抽象，就是抽取事物的共同点而舍弃其非本质的属性。显然，这种抽象程度越高、越普遍，对事物本质的认识就越深刻、越深入。

后　记

本书是“师生对丛书”的第一册。开展“师生对”，完全出于探讨学术疑难的需要，亦是一种最为自由和便捷的哲学研究活动。起初，进行此项活动纯粹出自兴趣和爱好，并未打算将其成果发表出来。但后来参与“对话”的人越来越多，既有我带的硕士、博士研究生，也有来自我校和其他学校的学生和老师，甚至有一些社会青年。这里我要特别提到刘少欣同学。他原在深圳打工，不知通过何种渠道得知我们在开展“聊哲学”和“师生对”之后，毅然辞掉在深圳的工作，来到武汉打工，以便能参与我们的活动。后来，学生们自发建了一个“向左看齐”的微信群，并建议将我们每天的“师生对”贴在上面，以便于大家参与讨论。与此同时，我还将“师生对”同步贴在由武汉大学哲学学院欧阳祯人教授所主持的“珞珈山—空中杏坛”上，这是一个主要由中国内地及港澳台地区从事中国传统文化研究的学者所组成的高端学术微信群。当然，这些“对话”也同时贴在我的朋友圈内。出乎意料的是，“对话”在学术圈和朋友圈内都引起了较为强烈的反响，有些学界友人建议我将其结集出版，让更多的人能够分享。武汉大学出版社刘爱松总编辑是我们“师生对”的热心读者之一，他非常支持我们的出版计划。胡国民和韩秋婷老师不但是本丛书的编辑，而且也成为我们“师生对”活动的积极参与者。在此，谨对大力支持并参与“师生对”的各位读者、出版界人士、学界同仁特别是沈壮海教授、欧阳祯人教授、陈学明教授、张小平教授、王善超教授、韩喜平教授、李荣建教授、徐臻教授、陈文新教授、宋俭教授、罗永宽教授、倪素香教授、项久雨教授、李楠教授、金筱萍教授、李资源教授、张英教授、田海舰教授、刘永艳教授、姚桂荣教授、周智年教授、王晓云教授、苏优良副书记、陈训威、张燕、孙晓玲、杨凯军主任以及胡建兰、杨虹、龚玉敏、彭年生、胡文江副教授、陈英、黄丽琴等表示诚挚的谢忱。

“师生对”对我们来说不仅是一种哲学智慧的探讨活动，而且是一项庄严长久的事业。对我来说，只要生命不息，则“对话”不止。根据我们的初步计划，从今年开始，每年拟至少出版三本“师生对”。诚望学界同仁和读者诸君随时给我们提出宝贵意见，并一如既往地支持和参与我们的活动。

本书中的部分“对话”是我的几个博士生在我的指导下独立撰写而成的，特说明如后：

张恒赫：《哲学的有用与无用》《为什么说一个民族不能没有哲学思维》。

谢月华：《哲学是一门使人聪明的学问吗》《好奇是智慧

的引线》。

莫炳坤：《为什么学了哲学的人不一定有思想》《哲学就是深刻》。

侯文文：《树木是否有对》《如何使你的思想变得更深刻》。

左亚文

2016 年 11 月 25 日于书房

图书在版编目(CIP)数据

师生对:思想是美中之美/左亚文著.—武汉:武汉大学出版社,2016.12
师生对丛书
ISBN 978-7-307-19048-1

Ⅰ.师…　Ⅱ.左…　Ⅲ.哲学—研究　Ⅳ.B1

中国版本图书馆 CIP 数据核字(2016)第 296553 号

责任编辑:詹　蜜　　责任校对:李孟潇　　版式设计:韩闻锦

出版发行:**武汉大学出版社**　(430072　武昌　珞珈山)
(电子邮件:cbs22@whu.edu.cn 网址:www.wdp.com.cn)
印刷:湖北恒泰印务有限公司
开本:850×1168　1/32　印张:6.875　字数:141 千字　插页:1
版次:2016 年 12 月第 1 版　　2016 年 12 月第 1 次印刷
ISBN 978-7-307-19048-1　　定价:36.00 元